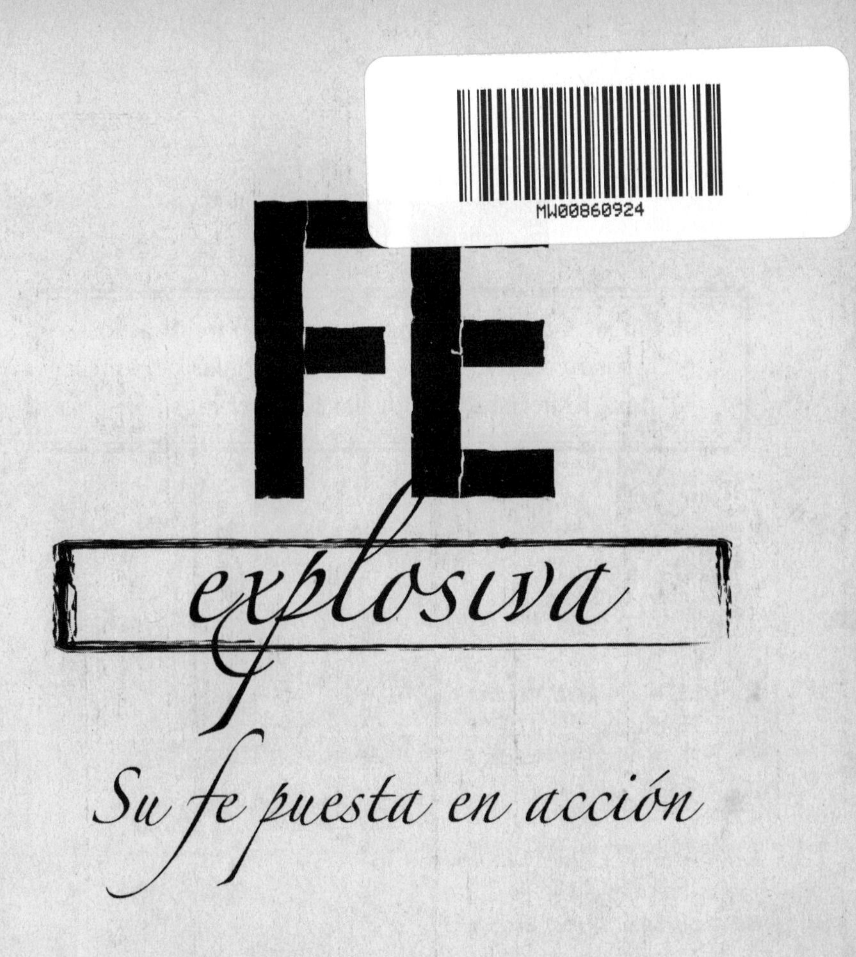

DR. EDWIN SANTIAGO

La misión de *Editorial Vida* es proporcionar los recursos necesarios a fin de alcanzar a las personas para Jesucristo y ayudarlas a crecer en su fe.

Miami, Florida

Edición: *Gisela Sawin*

Diseño interior: *Grupo Nivel Uno Inc.*

Diseño portada: *Grupo Nivel Uno Inc.*

ISBN: 0-8297-4557-2

Categoría: Vida cristiana

Impreso en Estados Unidos de América
Printed in the United States of America

05 06 07 08 ❖ 6 5 4 3

Dedicatoria

Dedico este libro a mis hijos y nietos.
Ellos son parte de lo que por fe
veré en los próximos años.

Si aceptan el desafío de vivir en fe,
la explosión de sus ministerios cubrirá las naciones.

Agradecimientos

A mi Padre celestial y a mi querida Madre
quien ha sido mi apoyo.

A Zelided, mi esposa,
parte del cumplimiento de mi sueño de fe.

A mis hijos,
que me inspiran a explorar la fe hasta llegar
a lugares de profunda intimidad con Dios.

A Tabernáculo de amor, mi iglesia,
que a causa de su anhelo de saber más de Dios,
me desafiaron a buscar caminos secretos de enseñanza
y disciplina en Dios.

A todos ellos ¡Gracias!

Contenido

Prólogo

DETONE SU FE

Durante una cruzada en Santo Domingo, un pastor y médico de un Sanatorio para los enfermos de tuberculosis, me dijo: «Le he conseguido dos días para que predique a los pacientes en el sanatorio y ore por sus enfermedades». La noticia fue de regocijo para mí y para aquellos que me acompañaban en ese viaje, pues sabíamos que había un propósito de Dios en esa puerta que se había abierto.

Partimos hacia ese lugar llenos de confianza, pero de camino por la carretera se desató una tormenta que apenas nos permitía ver por dónde transitar. Los truenos se sucedían uno tras otro y yo pensaba en los pacientes que tenían que descender de sus pabellones a la sala donde se predicaría la Palabra de Dios.

De pronto sentí la fe del Espíritu que invadió mi ser y comencé a reprender el aguacero y a ordenar al viento que soplara y se llevara la lluvia de aquél lugar. Al llegar al sanatorio, el viento soplaba de una manera tan violenta que cargaba con la lluvia a gran velocidad. Poco tiempo después el agua cesó y franjas azules asomaron en el cielo.

El Señor me había revelado que predicaría en ese lugar siete días en lugar de dos, y así fue como ocurrió. Más de ochenta personas aceptaron al Señor y varias de ellas fueron sanadas de sus dolencias. Pero estas cosas ocurren por la fe, ya que la Palabra dice: «La oración de fe sanará al enfermo el Señor lo levantará» (Santiago 5:14).

La fe es el ingrediente fundamental para detonar el explosivo de las señales que causarán un gran impacto a un mundo en necesidad. Es por eso que en este libro hallará la clave y principio para elevar esa fe a un nivel que todos anhelamos alcanzar.

Mi amado consiervo Edwin Santiago es un especialista en la fe. Sus desafíos diarios son la oportunidad perfecta donde desarrollar su fe explosiva y brindar resultados como los que hoy reconocemos: su gran ministerio de avivamiento.

Estimado lector, lo animo a leer estas páginas con un corazón abierto y expectante por aprender lo que Dios desea revelarle. ¡No se detenga! Continúe leyendo y aprenderá cómo causar impacto en su ciudad, en su vecindario, en su iglesia y en su familia, a través de una FE EXPLOSIVA.

Rvdo. Yiye Ávila
Puerto Rico

Introducción

Existen dos cosas poderosas que el diablo no debe robarnos: la fe y el nombre de Jesús. Estas dos pertenencias nos hacen herederos de las riquezas celestiales. Cada vez que usted usa el nombre de Jesús ocurre una explosión sobrenatural en el mundo espiritual. Ese nombre acompañado de fe complementada con acción, es el cartucho de dinamita que finalmente detonará en milagros y maravillas.

En un mundo que se desmorona de incertidumbre e inseguridad, debemos aprender a caminar por fe, porque de no ser así, nuestra vida también se desmoronará. Pero si vive confiado en las promesas de Dios para su vida y no en las explicaciones racionales del hombre, la victoria estará asegurada.

Experimente la combinación explosiva de la fe en el nombre de Jesús y la acción y todo obstáculo que se le presente será derribado. Entonces sí podrá traspasar los límites que le impiden transformar las riquezas celestiales en realidades terrenales.

DR. EDWIN SANTIAGO

Capítulo 1

Caminar por fe

Hacía varias semanas que la lluvia no rociaba los campos de aquella zona agrícola. Los campesinos estaban muy preocupados mirando al cielo, intentando descubrir una nube cargada de agua. Pero la familia Walker no se dio por vencida y comenzó a orar. Los tres hijos de la familia se reunieron a orar de rodillas sobre aquella tierra varias veces al día, pero nada ocurría. Clamaban a Dios por lluvia, pero nada sucedía. Una mañana, el abuelo Walter, cristiano experimentado en la fe, después de haber visto a sus nietos orando por lluvia durante varios días les dijo:

—Muchachos, lo que ustedes están haciendo no les va a funcionar.

—Pero abuelo... usted que es cristiano desde hace tantos años, cómo nos dice que lo que hacemos no va a funcionar, —cuestionaron asombrados.

—Lo siento, pero no va a funcionar —afirmó el abuelo convencido de lo que estaba diciendo.

—Es que necesitamos que llueva o perderemos todo. El ganado se va a morir, las semillas sembradas se van a secar y nuestra familia va a sufrir. La única esperanza que tenemos es un milagro y ¿usted dice que no va a funcionar? —agregó preocupado uno de los muchachos.

—Es que ya han orado por varios días y continuar de rodillas no les va a funcionar, porque a esta altura ustedes ya deberían haber comprado un paraguas.

El anciano Walker quiso explicarles a sus nietos a través de esta enseñanza la importancia de la fe. Es que mucho se ha hablado de la fe pretendiendo aclarar lo que es difícil de explicar, ya que la fe es simplemente estar convencido que lo que Dios dice es verdad y actuar de acuerdo a ello. La fe está basada en la Palabra de Dios sin importar las circunstancias que nos rodean, es la seguridad de que esa Palabra puede cambiar todas las cosas. La fe no se enfoca en la adversidad sino en la promesa.

> *«Fe es la certeza de lo que se espera la convicción de lo que no se ve»* (Hebreos 11:1).

La fe materializa la esperanza. Cuando usted recibe una inyección de fe, deja de decir: «Mañana las cosas serán mejor», y dice: «Hoy estoy en victoria. ¡Ya fue hecho!» Nadie podrá moverlo si su fe tiene sustancia.

Si alguien promete que le regalará un automóvil y usted sabe que la persona que se lo prometió es íntegra y cumple lo que promete, entonces puede declarar: «Tengo un automóvil nuevo». Esa es la convicción de lo que no se ve, es ir hacia el mundo invisible donde está la promesa, para arrebatarla por fe y traerla al mundo natural. Una vez que hace eso, la respuesta existe dentro de usted por la fe, usted ahora está preñado con la promesa. Nadie más podrá verlo, solamente usted. Nadie le ha pedido a una mujer encinta ver a su bebé antes de que nazca. Sin embargo, usted sabe que el bebé está dentro de ella, que se mueve y tiene vida. Cuando la promesa de Dios está dentro de usted, no hay demonio que pueda robarla, porque usted está convencido que es suya y que está hecho.

La fe no teme

«Mas a la cuarta vigilia de la noche, Jesús vino a ellos andando sobre el mar. Y los discípulos, viéndole andar sobre el mar, se turbaron, diciendo: ¡Un fantasma! Y dieron voces de miedo. Pero en seguida Jesús les habló, diciendo: ¡Tened ánimo; yo soy, no temáis!» (Mateo 14:25-27)

Cada decisión en la vida del cristiano tiene oposición, aunque muchas veces nos cuesta evidenciarla claramente. Jesús había ordenado a los discípulos que pasaran al otro lado del lago, mientras tanto él despediría a la multitud. Ellos obedecieron y empezaron a remar. Cuando estaban en medio del mar, las olas comenzaron a azotarlos, el mar se les opuso.

El texto describe que durante la cuarta vigilia de la noche, entre las tres y las seis de la madrugada, los discípulos estaban cansados de luchar porque no avanzaban nada a pesar de ser pescadores experimentados. De pronto vieron a alguien que caminaba sobre el mar y se asustaron, pensaron que era un fantasma, pero era Jesús, que había salido en rescate de su equipo evangelístico.

Cada vez que usted y yo pasamos por situaciones turbulentas de la vida, donde las olas nos golpean duramente, ¡Jesús siempre nos ve! Nunca estamos solos, él siempre está con nosotros.

Jesús no necesitó una carretera para caminar, porque él es el Verbo, la Palabra y no necesita camino para poder avanzar porque él hace camino donde no lo hay. El Señor le dijo a su pueblo: «*He aquí que yo hago cosa nueva; pronto saldrá a luz; ¿no la conoceréis? Otra vez abriré camino en el desierto, y ríos en la soledad*» (Isaías 43:19).

Pero sus discípulos no lo reconocieron. Las circunstancias difíciles y problemáticas en la vida no nos permiten percibir la presencia del Señor. Los discípulos pensaron que Jesús era un fantasma, pero cuando gritaron y dieron voces de miedo, les dijo: «No teman, soy yo», y los calmó, aunque la tormenta, la oposición y el viento todavía no se habían detenido.

Pedro, que estaba en la barca, al verlo tuvo fe para caminar sobre las aguas también, y le preguntó a Jesús: «¿Puedo ir a donde tú estás?» Entonces la palabra le fue dada: «VEN».

Dentro de la barca estaban los doce discípulos, pero ninguno de ellos, excepto Pedro, tuvo la fe para caminar sobre las aguas. Cuando recibió la Palabra, salió de la barca y comenzó a caminar sobre las aguas sin entenderlo cabalmente. Él hizo lo que ningún otro ser humano pudo hacer: caminó sobre las aguas.

Dios desea que usted también comience a caminar sobre las circunstancias y dificultades de su vida. No es lo mismo ser azotado por la circunstancia que caminar sobre ella. No es lo mismo atravesar un problema que caminar sobre él. El plan de Dios para su iglesia es que camine por encima de las circunstancias. Aunque algunos están conformes con su problema dentro del barco, el Señor dio la palabra de fe para caminar sobre las circunstancias. Cuando aprenda a caminar sobre ellas, llegará a la otra orilla caminando o corriendo, pero llegará, porque ha recibido la orden de cruzar al otro lado. Dios lo ha llamado y no desea que se quede a la mitad, sino que camine sobre las aguas y llegue al otro lado. Él desea que usted continúe caminando de triunfo en triunfo y de victoria en victoria.

El enemigo de las promesas

En este relato encontramos a un ladrón que le robó algo a cada uno de los discípulos. A los once que estaban en la barca les robo la posibilidad de caminar sobre las aguas, y a Pedro le robó el poder llegar hasta el final. Este ladrón se llama «duda» y es el enemigo que le roba las bendiciones al pueblo de Dios.

La duda se ha metido sutilmente dentro de nuestras congregaciones y ha retenido a muchos dentro de la barca. Algunos han podido salir, pero luego se han hundido y la duda los ha llevado al fracaso. Para colmo cuando nos hundimos, al regresar a la barca, los que se quedaron adentro comienzan a decir: «¡Te dije que te ibas a hundir!»

Si logra vencer a este enemigo, todas las promesas que están en la Palabra de Dios serán para usted y obtendrá todas las bendiciones que Dios ha preparado para su pueblo.

Si usted puede poner un pie fuera del bote, el Señor removerá todas las circunstancias que lo están reteniendo. Si su problema es físico y su doctor le ha dicho que le quedan pocos días de vida, es hora de que salga de la barca y dé pasos de fe, pues tiene a su disposición al Dios de los milagros.

La duda es la indeterminación del ánimo entre dos juicios o decisiones. Es la vacilación del ánimo indeciso, confuso y titubeante. La duda produce temor. Siempre que vea a una persona con temor en su corazón es porque tiene duda. Pedro comenzó a hundirse al poner su mirada en el fuerte viento. Él consideró lo que sus ojos veían, puso su mirada en lo natural, lo temporal, más que en la Palabra, ya que ella es suficiente para llevarlo a donde usted quiera y sostenerlo ante cualquier circunstancia.

Pedro se hundió por el temor que le produjo la duda. Su mente claudicó en dos pensamientos. Por un lado estaba Jesús llamándolo, por otro lado estaba la tormenta golpeando y el viento sacudiendo. Tal vez lo mismo está ocurriendo en su vida, por un lado Jesús le está diciendo: «¡Confía, todo estará bien!», por otro lado escucha al médico que le dice que no hay esperanza para su enfermedad. Por un lado está Jesús que le dice que confíe en su Palabra, que él proveerá para su vida, y por otro lado está el gerente del banco que le dice que su cuenta está en rojo. Sin embargo, no debe permitir que la duda paralice su fe porque entonces se produce temor.

> *«Pero pida con fe, no dudando nada; porque el que duda es semejante a la onda del mar, que es arrastrada por el viento y echada de una parte a otra. No piense, pues, quien tal haga, que recibirá cosa alguna del Señor. El hombre de doble ánimo es inconstante en todos sus caminos»* (Santiago 1:6-8)

La fe es un elemento necesario para una oración eficaz. Pero la duda sabotea su oración y le convierte en una persona inconstante que considera más importante las cosas que ve y que siente, que la Palabra de Dios.

Pedro fue arrastrado por las olas de las circunstancias. Tan pronto miró el viento y la tormenta, comenzó a hundirse. Consideró más las circunstancias que la palabra que Jesús le dio.

La mayoría de los cristianos no dudan en salir del bote pero se les dificulta el mantenerse caminando sobre las aguas. Han probado las cosas grandes de Dios, pero cuando las circunstancias contrarias llegan a su vida, si su fe se retarda, el enemigo trae duda y se hunden en la tormenta. Su victoria está en no claudicar en su pensamiento sino mantenerse anclado en la Palabra de Dios confesando que recibió su sanidad.

Cuando el Señor invitó a Pedro a caminar sobre las aguas, no tuvo como propósito calmar la tempestad para que caminara tranquilo, sino hacerlo caminar en lo sobrenatural en medio de la tormenta lo estaba azotando.

Si usted quiere que las olas de adversidad que golpean su vida se calmen y cese la tormenta, para después creer, se hundirá inmediatamente en medio de las aguas por falta de fe.

Para tener una fe que lo haga caminar sobre las aguas tiene que conocer tres aspectos importantes de la Palabra de Dios para que su mente no claudique ni dude:

1. La credibilidad del que habla la Palabra
2. El poder y autoridad que respalda su Palabra
3. La perpetuidad de la Palabra

La credibilidad del que habla la Palabra

La Palabra dice que Dios no es hombre para mentir ni hijo de hombre para que se arrepienta. Lo que él dijo que haría, eso hará. En él no hay mentira sino absoluta verdad. Podemos creer en él porque la credibilidad es su sello de garantía.

Cuando Dios dice que quiere sanarlo, póngale un sello de garantía que lo hará, porque él es verdadero. Su Palabra es creíble porque él es verdad: «Todas las promesas en él son sí y Amén, por medio de nosotros para la gloria de Dios».

El problema es que juzgamos a Dios como a los hombres, y por eso el Señor tiene que decir: «¿Quién ha creído a nuestro anuncio? ¿y sobre quién se ha manifestado el brazo de Jehová?» (Isaías 53:1).

A muchos les es difícil creer el anuncio de Dios porque en el mundo hay anuncios falsos y medias verdades. Algunos promocionan algo gratuito pero después por no haber leído la letra pequeña del contrato, recibirá una factura de lo que primero era gratis. En esos momentos se molestará por el engaño y dirá: «Qué gran mentira, nunca hubiera podido leer esa letra tan pequeña».

Juzgamos el anuncio de Dios como el anuncio de los hombres, pero el de Dios es verdadero. Lo que él habla en su Palabra está establecido y no puede regresar atrás, está firme en el cielo, en la tierra y debajo de la tierra.

El poder y la autoridad que respalda su Palabra

El poder y la autoridad que respalda la Palabra de Dios son supremos. Cuando la Palabra es lanzada es como espada de dos filos que atraviesa, parte y discierne (Hebreos 4:12).

La Palabra de Dios tiene poder para hacer lo que quiera, cuando quiera, porque ese poder reside en la integridad del Dios que le dio la Palabra. Ese Dios es el que sostiene el Universo con su Palabra.

Cuando María recibió la Palabra de que iba a dar a luz un hijo, dijo: «¿Y cómo va a ocurrir eso si yo soy virgen?» Entonces el ángel respondió: «Créelo. El Espíritu Santo vendrá sobre ti», y ella alabó a Dios porque conocía el poder y la autoridad de su Palabra. María sabía que la Palabra podía hacer cosas que los hombres todavía no habían visto. Si la palabra lo dice, así será, aun cuando aquello que promete no haya sido fue creado.

Cuando Josué estaba en la batalla dijo: «*Sol, detente en Gabaón; Y tú, luna, en el valle de Ajalón*» (Josué 10:12b). Para poder interpretar y responder a la oración de fe de este hombre, Dios tuvo que detener el Universo completo. La Palabra tiene poder para levantar los muertos, restaurar un valle de huesos secos y transformarlos en un ejército.

Si la Palabra levantó a Lázaro luego de haber estado muerto cuatro días, tiene poder para obrar grandes milagros hoy en su vida. Puedo creerle a Dios porque él es verdadero.

El poder de la Palabra hizo caminar a Pedro sobre las aguas. La autoridad de la Palabra hizo que Pedro tuviera una pesca milagrosa a la hora incorrecta y en el momento menos indicado. Jesús le dijo: «Echad la red», y él respondió: «*Maestro, toda la noche hemos estado trabajando, y nada hemos pescado; mas en tu palabra echaré la red*» (Lucas 5:5).

Pedro sabía que la Palabra que salía de la boca del Señor tenía poder y autoridad. «Aunque ha pasado toda la noche y no hemos pescado ni una sardina, EN TU PALABRA echare la red», exclamó Pedro. Entonces algo ocurrió porque los peces comenzaron a llegar desde el Norte, el Sur, el Este y el Oeste y todos se metieron en la red.

La Palabra es poderosa para mover los montes ya que Jesús dijo: «Porque de cierto os digo que cualquiera que dijere a este monte: Quítate y échate en el mar, y no dudare en su corazón, sino creyere que será hecho lo que dice, lo que diga le será hecho» (Marcos 1:23). Los montes y las dificultades de la vida se moverán ante el poder de la Palabra de Dios, ya que es poderosa para sanarlo, para levantarlo, para salvar a su esposo, esposa o hijos. ¡La Palabra tiene poder!

La perpetuidad de La Palabra

La definición del vocablo «eterno» significa «algo que tiene existencia prolongada, sin fin o que no está sujeto a cambio». La Palabra de Dios es eterna. Jesús dijo: «*El cielo y la tierra pasaran pero mis palabras no pasaran*» (Marcos 13:31).

Si quiero tener la fe que se necesita para caminar sobre las aguas tengo que creer que la Palabra es eterna.

> «*Siendo renacidos, no de simiente corruptible, sino de incorruptible, por la palabra de Dios que vive y permanece para siempre*» (1 Pedro 1:23).

Hay una simiente que es incorruptible que no está sujeta a cambios y que permanece para siempre. Esa palabra, esas promesas que hicieron algo por Pedro o por Jesús y su ministerio, todavía permanece, es eterna.

> «*Porque: Toda carne es como hierba, Y toda la gloria del hombre como flor de la hierba. La hierba se seca, y la flor se cae; mas la palabra del Señor permanece para siempre. Y esta es la palabra que por el evangelio os ha sido anunciada*» (1 Pedro 1:24-25).

Para poder caminar sobre las aguas y vencer al ladrón de las bendiciones, tiene que creer que su Palabra es eterna y que permanece para siempre. Si su pregunta es ¿de qué le sirve creer?

Puedo explicarle: «Si usted cree que la Palabra de Dios no está sujeta a cambios; que puede obtener los mismos resultados que alcanzaron hombres como Pedro sin importar las circunstancias que atraviesa, entonces su fe tiene propósito.

> *«Porque esta leve tribulación momentánea produce en nosotros un cada vez más excelente y eterno peso de gloria; no mirando nosotros las cosas que se ven, sino las que no se ven; pues las cosas que se ven son temporales, pero las que no se ven son eternas»* (2 Corintios 4:17-18).

El enemigo está obstaculizando su vida con una leve tribulación momentánea, ya que la tribulación completa la llevó Cristo en la cruz. El problema que está viviendo con sus hijos que no quieren saber nada del Señor, pasará, porque solo su Palabra es eterna.

El texto declara que esa leve tribulación produce en nosotros cada vez más un excelente y eterno peso de gloria. Si alguna vez fue a un gimnasio debe saber que para levantar pesas hay que desarrollar algo que ya está dentro de usted, sus músculos. Cuando usted nació vino equipado con músculos, para desarrollarlos debe ejercitarlos levantando pesas en el gimnasio, sin embargo, no se queda a vivir allí, el ejercicio que usted realiza allí es momentáneo. Si va dos veces a la semana es suficiente, al menos eso dicen algunos expertos. Puedo asegurarle que si no tiene una tribulación momentánea, no tendrá un más «excelente peso de gloria».

En la tribulación se desarrolla su hombre espiritual para que Dios pueda poner más gloria sobre usted. El peso de la gloria de Dios solo puede ser llevado por aquellos que han entrado en el gimnasio divino y han desarrollado musculatura espiritual.

> *«No mirando nosotros las cosas que se ven, sino las que no se ven; pues las cosas que se ven son temporales, pero las que no se ven son eternas»* (2 Corintios 4:18).

Pedro se hundió en las aguas porque miró las cosas temporales. Amado lector, no considere ni le dé más importancia a lo que sus ojos ven que a la Palabra dada por Dios, porque las cosas que se ven son temporales, pero las que no se ven son eternas. Las realidades espirituales no se ven ni se palpan, pero las puede creer. Considere lo eterno.

El término del griego para «temporal» significa «por un lapso de tiempo». Esto expresa que las cosas que se ven son por una temporada. Todos sabemos que el clima está formado por diferentes estaciones y cada temporada es: primavera, verano, otoño e invierno. Cuando estamos atravesando alguna de ellas sabemos que otra vendrá.

Hace varios años que vivo en el estado de la Florida, y durante la temporada de huracanes todos rogamos que termine pronto para que las tribulaciones se acaben y venga una temporada distinta, porque la tormenta es pasajera, es por una temporada. Por eso, no debe tomar decisiones permanentes en situaciones temporales. No se enfoque en la temporada, enfóquese en la promesa.

Si yo tuviera un tren eterno que a su paso golpeara casas temporales, ¿qué se rompería: el tren o las casas? Así son las promesas de Dios, ellas chocan contra lo temporal de su vida y sus circunstancias cambian. No hay dificultad que pueda resistir a la Palabra de Dios, porque lo eterno cambia lo temporal. La Palabra de Dios cambiará todas sus circunstancias. El fruto de la duda es el temor, pero el fruto de la fe es ver la gloria de Dios.

Cuando Jesús fue a la tumba de Lázaro se encontró con Marta y le ordenó mover la piedra del sepulcro. Pero ella respondió: «Señor, hiede ya, porque es de cuatro días». La respuesta de Jesús fue: «¿No te he dicho que si crees veras la Gloria de Dios?»

¡Si puede creer verá la gloria! La expresión «gloria» proviene del griego «Doxa» que representa la magnificencia, la excelencia, la absoluta perfección de la deidad. Tal vez ahora las cosas no le parezcan perfectas, pero pronto, lo eterno chocará con lo pasajero y usted verá la respuesta. La «Doxa» de Dios se manifestará y será feliz.

No le preste atención a las circunstancias temporales. Mantenga su mirada anclada en lo que el Señor ha hablado. No quite sus ojos de la promesa. Cierre sus oídos y no escuche la voz de los incrédulos.

Si usted cree la gloria del Señor entrará a su casa, a sus bolsillos, a su cuenta de banco, a su cuerpo, a sus negocios y relaciones. La gloria de Dios alcanzará a sus hijos aunque estén apartados y reconocerán que la Palabra de Dios que usted les ha hablado es absoluta y poderosa. Si Dios tiene que cambiar leyes en su país para auxiliarlo, lo hará.

Si tiene fe en Dios, verá su gloria y caminará sobre las aguas de la dificultad.

Capítulo 2

Recuperar el poder explosivo

«La fe espera de Dios lo que va más allá de las expectativas humanas»
Andrew Murray

El movimiento eclesiástico ha crecido y se ha enriquecido en gran manera, a punto tal que algunos líderes que han reflexionando al respecto dijeron: «Como iglesia ya no podemos decir "No tengo ni plata ni oro"» (refiriendose a la sanidad del paralítico de Hechos capítulo 3), a lo que uno de ellos respondió: «Ciertamente, tampoco podemos decir: "Levántate y anda"».

¿Es posible que algunas iglesias se hayan interesado tanto en lo material que han descuidado a los necesitados y han perdido su poder espiritual?

"Y por la mano de los apóstoles se hacían muchas señales y prodigios en el pueblo; y estaban todos unánimes en el pórtico de Salomón. De los demás, ninguno se atrevía a juntarse con ellos; mas el pueblo los alababa grandemente. Y los que creían en el Señor aumentaban más, gran número así de hombres como de mujeres; tanto que sacaban los enfermos a las calles, y los ponían en camas y lechos, para que al pasar Pedro, a lo menos su sombra cayese sobre alguno de ellos. Y aun de las ciudades vecinas muchos venían a Jerusalén, trayendo enfermos y atormentados de espíritus inmundos; y todos eran sanados" (Hechos 5:12-16).

¡Qué diferente era la iglesia primitiva a la actual! En este tiempo muchos religiosos han dicho: «No tenemos que mirar a la iglesia primitiva para imitarla, porque hemos evolucionado y estamos bien como estamos». Pero creo que se equivocan. Debemos mirar los comienzos de la iglesia, porque señalan el propósito y el plan de Dios con su cuerpo para todos los tiempos.

Dios nunca cambia, él es el mismo, no se muda, no cambia su manera de pensar, no cambia sus planes. Así como comenzó con la iglesia primitiva quiere continuar con la iglesia actual.

En la iglesia primitiva sucedían cosas diferentes a las que suceden hoy. «*Por la mano de los apóstoles se hacían muchas señales y prodigios en el pueblo*» (Hechos 5:12).

Los siervos de Dios estaban ungidos. Sus manos estaban llenas del poder de Dios, y señales y maravillas ocurrían en medio del pueblo. La Palabra no dice que las predicaciones de estos hombres eran teológicamente impecables. El poder de Dios era lo que se movía en esos tiempos y esto ocurría a través de las manos de los apóstoles.

Más adelante el texto menciona que la iglesia crecía, los que creían en el Señor aumentaban en número, y la fe del pueblo era tan grande que sacaban los enfermos a la calle para que cuando los apóstoles pasaran aun la sombra de uno de ellos sanara a los enfermos.

> *«Aun de las ciudades vecinas muchos venían a Jerusalén, trayendo enfermos y atormentados de espíritus inmundos, y todos eran sanados» (v. 16).*

El plan para hoy

El plan y propósito de Dios no ha cambiado, pero en algún momento la iglesia perdió esta gracia y poder, y debe recuperarlo. En este tiempo, el Espíritu Santo tiene una agenda preparada para la iglesia que verdaderamente ha sido lavada por la sangre del Cordero y vive en la fe del evangelio de Cristo.

Este es el tiempo en que el Espíritu Santo está preparando un ejército de hombres y mujeres, que se levantarán como la iglesia primitiva. El poder y la gracia de Dios estarán sobre ellos de tal manera que aun su sombra hará milagros.

Hace un tiempo comentaba a alguien acerca del aumento de anuncios publicitarios de adivinos y parasicólogos en los canales de televisión. Aparentemente esto revela un avivamiento en el mundo de las tinieblas, y que ocurre como resultado de que todos quieren saber qué sucederá mañana. El negocio de las líneas telefónicas de psíquicos y adivinos brinda ganancias multimillonarias. Entonces le expliqué a esta persona que cuando hay un avivamiento en el mundo, es porque existe una deficiencia en la iglesia, probablemente la iglesia tiene ausencia de profetas.

Dios nunca planificó que el mundo siguiera a lo parasicológico o psíquico sino que fuera tras la iglesia. Ella debe tener el poder y la gracia para suplir las necesidades del mundo. Para eso Dios la levantó. Así era la iglesia primitiva, había siervos llenos de gracia y de poder. Así lo expresa la Palabra: «*Y Esteban, llenos de gracia y de poder, hacían grandes prodigios y señales entre el pueblo*» (Hechos 6:8).

La palabra «gracia» que se utiliza en este texto significa «bendición». La palabra «poder» que viene del griego «dunamis» significa «capacidad, eficacia, fuerza, maravilla, milagro, potencia».

Esteban era un hombre que estaba lleno de la bendición de Dios y de la potencia de Dios, y hacía grandes prodigios y señales entre el pueblo. Estoy convencido que como iglesia necesitamos estar en el poder y la gracia de Dios, meternos bajo la lluvia del Espíritu Santo y recibir la bendición y el poder de Dios.

Sin embargo, la iglesia actual ha cambiado porque piensa que eso le corresponde a los pastores, a los evangelistas, a aquellos siervos de Dios que ministran desde el púlpito. Permítame decirle que Esteban era un diácono de la iglesia, sin embargo, estaba lleno de bendición y de potencia de Dios.

Hoy la iglesia de Cristo carece del poder y de la gracia de Dios porque posee mucha sabiduría terrenal. Debemos volver al poder y a la gracia de Dios y levantarnos como soldados para pelear contra el reino de las tinieblas.

¿Quiere algo nuevo?

¿Está cansado de estar limitado? ¿Está listo para entrar en una dimensión de gracia y de poder? ¿Está dispuesto a cruzar al otro lado para ingresar a una dimensión donde Dios lo usará de manera sobrenatural como a Esteban?

La iglesia primitiva nunca estuvo conforme con lo que tenía, ellos querían más de Dios. Sus hombres deseaban más poder y gracia, por eso Dios los usaba de una manera sobrenatural.

Lo que usted ha probado hasta ahora no es nada comparado con lo que Dios planificó para su vida. Si ha orado por alguien y vio un milagro, todavía no ha visto nada. Dios revolucionará su vida. Algo pasará en usted, la gracia y el poder de Dios lo transformarán.

Jesús dijo: «*El que en mí cree, las obras que yo hago, él las hará también; y aun mayores hará, porque yo voy al Padre*» (Juan 14:12).

Jesús desea que usted esté lleno de ese poder, porque él planificó que la iglesia estuviera llena de bendición y de potencia. Por esa razón dijo a sus apóstoles: «*Y recibiréis poder cuando haya venido sobre vosotros el Espíritu Santo, y me seréis testigos*» (Hechos 1:8).

No podemos ser testigos ni predicar el evangelio basándonos en palabras. Si le enseñaron esto, le enseñaron mal. Hay personas que suben al púlpito y lo único que saben es hablar, hablar y hablar. Pablo le dijo a los corintios que él no había ido a ellos con palabras de humana sabiduría, sino con demostración de espíritu y poder.

¿Desea ver maravillas y milagros portentosos a través de sus manos? ¿Desea que Dios lo use y que aun su sombra sane a los enfermos? Si ese es su deseo, eso sucederá cuando busque desde lo profundo de su interior, de su corazón, el poder, la gracia y la bendición de Dios.

La iglesia verdadera

Dios levantará a la iglesia verdadera con un avivamiento de bendición y de la potencia de Dios. Será un remanente que ha sido fiel, que no ha cambiado los valores ni los principios por las cosas pasajeras de este mundo. Será un remanente que resistió al pecado y aceptó la santidad y la pureza. Cuando ese remanente se levante, hasta la prensa los respetará, porque sabrán que no es el hombre, sino Dios a través del hombre.

Tal vez hace un tiempo que siente en su interior la voz del Espíritu Santo que le dice: «Tengo un plan, un propósito contigo. Quiero cambiarte y usarte de una manera sobrenatural. ¿No te das cuenta que antes de la fundación del mundo Yo planifiqué que nacieras en este tiempo, porque te formé con un propósito? Este es el tiempo glorioso de la iglesia que volverá a los principios de la iglesia primitiva, al poder y la bendición de Dios».

Esa misma voz resuena en sus oídos afirmando: «El mundo sabrá que hay un Cristo que no está muerto sino que se levantó al tercer día con poder y gloria, y está sentado a la diestra de Dios padre».

Cuando la gracia y el poder de Dios sean derramadas sobre el pueblo de Dios se acabará la comodidad, porque la Palabra es clara y dice:

> *«Id por todo el mundo y predicad el evangelio a toda criatura. El que creyere y fuere bautizado, será salvo. Más el que no creyere será condenado. Y estas señales seguirán a los que creen: En mí nombre echarán fuera demonios, y pondrán las manos sobre los enfermos y sanarán».*

La iglesia de hoy le busca una solución teológica a todo. Pero la iglesia primitiva nunca tuvo un negativa por respuesta, nunca tuvo una imposibilidad. Todo era posible. Ellos no le decían a los enfermos que venían a buscar sanidad: «No recibirán sanidad porque están padeciendo algo que Dios quiere que sufran porque quiere enseñarles algo con la enfermedad». ¡No! Todos los enfermos eran sanados por el poder de Dios.

Las tradiciones humanas han robado la eficacia de la iglesia. Los pensamientos humanos han apartado el poder y la bendición de Dios. Es tiempo que como iglesia enfrentemos a las tradiciones que nos retuvieron y por causa de ellas perdimos la gracia y el poder de Dios.

Los fariseos seguían sus tradiciones y prácticas y habían invalidado el poder de la Palabra. La iglesia actual ha glorificado, santificado y adorado la teología, pero no a Dios. Enalteció los libros y las opiniones del hombre, antes que los mandatos de Dios.

Empero lo que Dios hará en este tiempo será a través de hombres y mujeres sencillos de corazón que declaren: «A mí no me importa lo que dicen las tradiciones ni lo que dicen los hombres, te creeré a ti y a tu Palabra».

La llave de la gracia y el poder

Esteban estaba lleno de gracia y de poder. La palabra «lleno» en griego significa «repleto», desbordaba de bendición y de poder. Para estar llenos de bendición y de poder primeramente tenemos que llenarnos de Dios. Él nos ungirá con bendición y poder.

> *«Agradó la propuesta a toda la multitud; y eligieron a Esteban, varón lleno de fe y del Espíritu Santo...»* (Hechos 6:5).

Esteban estaba lleno de fe y de confianza en Dios. La Palabra enseña que: «el que duda sobre lo que come, es condenado, porque no lo hace con fe; y todo lo que no proviene de fe, es pecado» (Romanos 14:23). Si usted tiene duda en su corazón, no está lleno de fe. También dice que el que duda es como la ola del mar que es arrastrada por el viento, un día está abajo, otro día está arriba. Es inconstante, porque no está lleno de fe.

Piense en algún problema o alguna circunstancia que esté viviendo imposible de resolver, después recuerde si cuando vio esa imposibilidad pensó que la solución estaba en Dios. Si surgió la duda ese pensamiento debe desaparecer, ya que no permite que la fe se tome de las promesas de Dios.

Un hijo que ama y confía en su padre nunca duda de su amor y cuidado. No se levanta cada día pensando si debe confiar o no en él, simplemente confía cada día. Imagino una escena que todos los que somos padres o tal vez como hijos hemos vivido. Está el niño sobre la mesa y con mucha confianza se lanza a los brazos de su padre, y no duda ni un segundo que el amor de su padre y sus brazos fuertes serán lo suficientemente seguros como para sostenerlo ante la caída.

Para poder recibir un avivamiento de bendición y de potencia de Dios necesitamos vaciarnos de la duda y del temor, y llenarnos de fe y confianza en el Señor.

El cuerpo y el espíritu de la fe

Muchas personas que saben lo que es fe la conocen a través de términos teológicos, entonces declaran: «La fe es la certeza de lo que se espera, la convicción de lo que no se ve». Aunque esto es totalmente cierto, Santiago agregó que no es cuestión de hablar de fe sino de ponerla en acción, porque la fe sin obras es muerta.

Así como un cuerpo sin espíritu está muerto, la fe sin obras es muerta. Su confesión de fe es el cuerpo de su fe, pero el espíritu de la fe es la acción. Cuando usted mira a alguien, lo que ven sus ojos es el cuerpo, el estuche de lo que realmente es la persona, ya que lo verdadero de una persona es su espíritu. De igual manera la fe. Santiago remarca que aquellos que hablan de fe manifiestan solamente una parte de la fe, el cuerpo, pero falta el espíritu. Lo que le da vida al cuerpo es el espíritu; y lo que le da vida a su confesión es la acción. Puede confesar: «Soy un creyente lleno de fe», pero si le falta acción, si no obedece, si no actúa, es un cuerpo muerto, sin espíritu. Tenemos que volver a la fe sencilla y encontrar refugio en las promesas de Dios. La iglesia verdadera que el Señor levantará estará llena de gracia y de poder, será sencilla en la Palabra y dispuesta en la acción, y dirá: «Si Dios lo dice en su Palabra yo lo creo. Si dice que puedo, podré. Si dice que lo haga, lo haré». Es necesario volver a la simpleza de creer la Palabra de Dios tal y como está escrita. El Señor dijo: «todas las promesas de Dios son en él Sí, y en él Amén» (2 Corintios 1:20).

Vacíos de nosotros

Escuché a un hombre por la radio que comentaba: «Hay personas que creen que orar es como tener una máquina a la que se le pide algo y esta lo da». Me asombré al oír esto, pero Jesús mismo aseguró: «*Todo lo que pidiereis al Padre en mi nombre, lo haré*» (Juan 14:13). Algunos piensan que los cristianos le ordenamos a Dios: «Señor, te mando hacer esto». Pero se olvidaron de algo muy importante que el apóstol Pablo resaltó: «Ya no vivo yo, más Cristo vive en mí» (Gálatas 2:20).

No le damos órdenes a Dios sino que hay algo dentro de nosotros que no se ve, que es el poder del Espíritu Santo (la tercera persona de la Trinidad) diciéndonos: «Hablen esto porque es lo que quiero hacer».

Entonces, cuando oramos por los enfermos no le ordenamos a Dios que los sane, por el contrario, el Espíritu nos indica: «Pongan su mano y bendíganlos».

La iglesia primitiva obraba ante los obstáculos que surgían. Cuando Pedro fue encarcelado, la iglesia comenzó a orar y continuó haciéndolo mientras permanecía preso. Su oración era: «Señor libéralo, libéralo, libéralo». No decían: «Señor, si es tu voluntad que Pedro quede preso, que quede allí». La iglesia oró incesantemente por Pedro. «*Así que Pedro estaba custodiado en la cárcel; pero la iglesia hacía sin cesar oración a Dios por él*» (Hechos 12:5).

Por la noche Pedro estaba durmiendo entre dos soldados, sujeto con dos cadenas, y los guardas delante de la puerta custodiaban la cárcel, y apareció un ángel que atravesó la pared, entró en la celda de Pedro y lo sacó de la cárcel. Todo esto fue el resultado de la iglesia que estaba orando por él. Los ángeles se movilizaron ante la oración de los santos.

Esta gente estaba llena de fe y de poder de Dios. Ellos conocían el poder de Dios y no dudaban en su corazón de que la oración moviliza el mundo espiritual. Debemos comprender que para llenarnos del Espíritu Santo y de fe es necesario vaciarnos de toda duda, incredulidad y temor. Al igual que un vaso que deseamos llenar, primero tenemos que vaciarlo.

Si quiere ser lleno de la potencia de Dios, necesita el poder del Espíritu Santo. La Palabra aconseja no embriagarnos con vino sino más bien que seamos llenos del Espíritu Santo. Llénese del Espíritu Santo hasta desbordar, y la única manera de hacerlo es vaciándose de sí mismo.

Una vez que usted es lleno de Dios, él se manifestará al mundo a través de su testimonio. La gente verá nuestra vida y dirá: «Este hombre ha cambiado. Ya no es el mismo. Parece como si alguien hubiera metido la mano en su interior y lo hubiera cambiado. Su mirada, su manera de hablar, su forma de caminar y de expresarse es diferente. Algo cambió en él».

Los apóstoles hacían señales porque estaban llenos de la potencia de Dios, repletos del Espíritu Santo. El caudal del Espíritu había impregnado no solamente su alma, sino también su cuerpo. Aun la sombra de Pedro sanaba a los enfermos.

El Espíritu Santo es un caballero, hace mucho tiempo él quiere llenarlo, pero quizás usted se excusa diciendo: «Déjame ser yo, soy como soy y no puedo cambiar, siempre seré igual». Por consecuencia nunca estará lleno de gracia ni de poder. Pero si realmente desea ser lleno de gracia y de poder, y no estoy hablando de una simple experiencia sino de una relación seria con la tercera persona de la Trinidad, Dios se manifestará en su vida de una manera sobrenatural.

Capítulo 3

LA BENDICIÓN POR MEDIO DE LA FE

«Fe no es solamente un compromiso con las promesas de Dios sino también un compromiso con las demandas de Dios»
—W. BARCLAY

La guerra mundial hizo que una multitud de jóvenes se tornaran a la búsqueda de Dios. Un soldado dijo al Deán de Manchester: «Algún tiempo antes de la guerra, acostumbraba ir a la iglesia; pero le diré señor lo que pasa ahora: aquí en las trincheras, tornamos a la religión con una bomba».

Muchas veces las necesidades de la vida nos obligan a buscar a Dios para alcanzar sus bendiciones. Pero al acercarnos a él descubrimos la gran verdad, somos bendecidos de acuerdo a sus promesas y a nuestra obediencia.

«Bendito sea el Dios y Padre de nuestro Señor Jesucristo, que nos bendijo con toda bendición espiritual en los lugares celestiales en Cristo» (Efesios 1:3).

Debemos reconocer y admitir que la religión y la tradición en muchos casos han diluido el poderoso mensaje del evangelio. Nos han hecho creer que somos iguales a los demás seres humanos en esta tierra, y lo único que nos espera en el futuro es una mansión en el cielo. Pero Dios «nos bendijo con toda bendición espiritual en los lugares celestiales en Cristo». De acuerdo a este texto, nos ha bendecido para siempre. Sin embargo, todavía hay personas que sirven al Señor sin saber que disponen de todas las bendiciones del cielo en la tierra. Siempre menciono que tener algo y no saberlo es peor que no tenerlo.

Dios ha preparado para su vida todo tipo de bendición. Todo lo que hay en el cielo y en su reino está disponible para usted, porque ya le fue entregado. Es extraordinario saber que solo aquel que cree en Jesús obtiene automáticamente esta promesa que le permite vivir bajo bendición por medio de una llave que se llama fe.

El costo de esta bendición fue muy alto, Cristo tuvo que pagar un elevado precio para redimirnos de la maldición de la ley. Cuando la Palabra dice que «fuimos redimidos de toda maldición», significa que fuimos liberados de la maldición de la ley y bendecidos con toda bendición espiritual.

La bendición de Abraham

«Sabed, por tanto, que los que son de fe, éstos son hijos de Abraham. Y la Escritura, previendo que Dios había de justificar

por la fe a los gentiles, dio de antemano la buena nueva a Abraham, diciendo: En ti serán benditas todas las naciones. De modo que los de la fe son bendecidos con el creyente Abraham. Porque todos los que dependen de las obras de la ley están bajo maldición, pues escrito está: Maldito todo aquel que no permaneciere en todas las cosas escritas en el libro de la ley, para hacerlas. Y que por la ley ninguno se justifica para con Dios, es evidente, porque: El justo por la fe vivirá; y la ley no es de fe, sino que dice: El que hiciere estas cosas vivirá por ellas. Cristo nos redimió de la maldición de la ley, hecho por nosotros maldición (porque está escrito: Maldito todo el que es colgado en un madero), para que en Cristo Jesús la bendición de Abraham alcanzase a los gentiles, a fin de que por la fe recibiésemos la promesa del Espíritu» (GÁLATAS 3:7-14).

La fe es la llave para obtener todas las promesas del Espíritu. La Escritura dice que los que son de la fe son descendientes de Abraham, el padre de la fe. El pueblo de Israel es descendencia de Abraham, pero además al Señor le plació por su gracia unir a los gentiles por medio de la fe, y derribó la pared que dividía a judíos y gentiles para hacer de ellos un solo pueblo, a fin de que en Cristo Jesús obtuviéramos bendición. Por lo tanto, si usted ha creído en Jesucristo es parte de la descendencia de Abraham, y todas las bendiciones que él recibió están disponibles para su descendencia.

El Señor sabía que si creíamos en él por fe seríamos justificados por su gracia, declarados santos y perfectos. Aunque en realidad llegaremos a esa perfección una vez que salgamos de este cuerpo, mientras tanto seguiremos cometiendo errores. Esto no significa que tengamos licencia para pecar sino que aún podemos pecar porque no somos perfectos. No obstante, somos perfectos porque Jesucristo ha aplicado su justicia en nuestra vida.

Jesús sabía esto y por eso lo previó antes de morir en la cruz. Él sabía que no podíamos alcanzar esa perfección si él no eliminaba la maldición. Entonces, cada vez que cometiéramos un pequeño error tendríamos consecuencias. Por lo tanto, el Señor dijo: «Eliminaré la maldición para que los que me sirvan, por medio de la fe solamente miren hacia la bendición y dejen de mirar hacia la maldición».

Monte de la bendición

Todas las imágenes y las celebraciones del Antiguo Testamento eran sombra de lo que habría de venir, por eso apuntaban hacia una misma dirección.

Dios le reveló a Moisés que al entrar a la tierra prometida encontraría dos montes: el Gerizim y el Ebal. De las doce tribus de Israel, seis se agruparían en un monte y el resto en el otro.

> *«Y mandó Moisés al pueblo en aquel día, diciendo: Cuando hayas pasado el Jordán, éstos estarán sobre el monte Gerizim para bendecir al pueblo: Simeón, Leví, Judá, Isacar, José y Benjamín. Y éstos estarán sobre el monte Ebal para pronunciar la maldición: Rubén, Gad, Aser, Zabulón, Dan y Neftalí. ... Maldito el que no confirmare las palabras de esta ley para hacerlas. Y dirá todo el pueblo: Amén»* (Deuteronomio 27:11-13,26).

En el monte Gerizim se pronunciarían todas las bendiciones para Israel y todos dirían amén. Pero en el monte Ebal pronunciarían todas las maldiciones que la ley traería sobre ellos si no las cumplían, y el pueblo se tornaría de espaldas a la bendición para mirar la maldición y aceptarla diciendo amén. Por consiguiente, sin redención el pueblo frente al monte Ebal debía aceptar toda maldición. Pero algo extraordinario sucedió cuando Israel llegó a la tierra prometida.

> *«Entonces Josué edificó un altar a Jehová Dios de Israel en el monte Ebal, como Moisés siervo de Jehová lo había mandado a los hijos de Israel, como está escrito en el libro de la ley de Moisés, un altar de piedras enteras sobre las cuales nadie alzó hierro; y ofrecieron sobre él holocaustos a Jehová, y sacrificaron ofrendas de paz»* (JOSUÉ 8:30-31).

Cuando Josué llegó al monte Ebal, lo primero que hizo fue establecer un altar en el monte de la maldición para sacrificar un cordero. En otras palabras, en el monte de la maldición se levantó un altar para sacrificar ofrendas de paz.

Esto representaba lo que vendría después. El sacrificio del cordero tipificaba a Jesús, el Cordero inmolado por nuestros pecados. La sangre derramada simbolizaba la sangre que Cristo vertería por nosotros. Por eso, la Palabra señala que sin derramamiento de sangre no hay remisión de pecado.

Tiempo después Jesús daría su vida en el monte Calvario, el monte de la maldición. Allí derramó su sangre, y la Palabra declara que maldito es todo aquel que es colgado de un madero. Esa ofrenda fue derramada para liberación, para romper las ligaduras que nos ataba a la maldición.

Cuando Cristo dijo: «Consumado es», en ese mismo instante dejamos de mirar la maldición para ver hacia el monte de la bendición.

Consecuencias de la desobediencia

La maldición de la ley se encuentra descrita en el libro de Deuteronomio y lleva por título: «Consecuencia de la desobediencia».

> *«Pero acontecerá, si no oyeres la voz de Jehová tu Dios, para procurar cumplir todos sus mandamientos y sus estatutos que yo te intimo hoy, que vendrán sobre ti todas estas maldiciones, y te alcanzarán. Maldito serás tú en la ciudad, y maldito en el campo. Maldita tu canasta, y tu artesa de amasar. Maldito el fruto de tu vientre, el fruto de tu tierra, la cría de tus vacas, y los rebaños de tus ovejas. Maldito serás en tu entrar, y maldito en tu salir. Y Jehová enviará contra ti la maldición, quebranto y asombro en todo cuanto pusieres mano e hicieres, hasta que seas destruido, y perezcas pronto a causa de la maldad de tus obras por las cuales me habrás dejado. Jehová traerá sobre ti mortandad, hasta que te consuma de la tierra a la cual entras para tomar posesión de ella. Jehová te herirá de tisis, de fiebre, de inflamación y de ardor, con sequía, con calamidad repentina y con añublo; y te perseguirán hasta que perezcas"* (Deuteronomio 28:15-22).

El Señor le dijo al pueblo de Israel que podía escoger entre la bendición y la maldición. Aunque él sabía que a pesar de haber elegido por la bendición se apartaría, y cuando le dieran la espalda a Dios vendrían muchos males sobre ellos. Entonces dirían: «Nos han venido todos estos males porque Jehová no está en medio de nosotros».

Si ellos no querían estar donde Dios estaba, entonces no tendrían bendición. Porque si estamos donde él está, ahí habrá bendición. Porque la consecuencia del pecado será la maldición:

«Y los cielos que están sobre tu cabeza serán de bronce, y la tierra que está debajo de ti, de hierro. Dará Jehová por lluvia a tu tierra polvo y ceniza; de los cielos descenderán sobre ti hasta que perezcas. Jehová te entregará derrotado delante de tus enemigos; por un camino saldrás contra ellos, y por siete caminos huirás delante de ellos; y serás vejado por todos los reinos de la tierra. Y tus cadáveres servirán de comida a toda ave del cielo y fiera de la tierra, y no habrá quien las espante. Jehová te herirá con úlcera de Egipto, con tumores, con sarna, y con comezón de que no puedas ser curado. Jehová te herirá con locura, ceguera y turbación de espíritu; y palparás a mediodía como palpa el ciego en la oscuridad, y no serás prosperado en tus caminos; y no serás sino oprimido y robado todos los días, y no habrá quien te salve. Te desposarás con mujer, y otro varón dormirá con ella; edificarás casa, y no habitarás en ella; plantarás viña, y no la disfrutarás. Tu buey será matado delante de tus ojos, y tú no comerás de él; tu asno será arrebatado de delante de ti, y no te será devuelto; tus ovejas serán dadas a tus enemigos, y no tendrás quien te las rescate. Tus hijos y tus hijas serán entregados a otro pueblo; y tus ojos lo verán, y desfallecerán por ellos todo el día; y no habrá fuerza en tu mano. El fruto de tu tierra y de todo tu trabajo comerá pueblo que no conociste; y no serás sino oprimido y quebrantado todos los días. Y enloquecerás a causa de lo que verás con tus ojos. Te herirá Jehová con maligna pústula en la rodilla y en las piernas, desde la planta de tu pie hasta tu coronilla, sin que puedas ser curado. Jehová te llevará a ti, y al rey que hubieres puesto sobre ti, a nación que no conociste ni tú ni tus padres; y allá servirás a dioses ajenos, al palo y a la piedra. Y serás motivo de horror, y servirás de refrán y de burla a todos los pueblos a los cuales te llevará Jehová» (DEUTERONOMIO 28:23-37).

Más adelante menciona:

«Plantarás viña y labrarás, pero no beberás vino, ni recogerás uvas, porque el gusano se las comerá. Tendrás olivos en todo tu territorio, mas no te ungirás con el aceite, porque tu aceituna se caerá. Hijos e hijas engendrarás, y no serán para ti, porque irán en cautiverio. Toda tu arboleda y el fruto de tu tierra serán consumidos por la langosta. El extranjero que estará en medio de ti se elevará sobre ti muy alto, y tú descenderás muy abajo. El te prestará a ti, y tú no le prestarás a él; él será por cabeza, y tú serás por cola. Y vendrán sobre ti todas estas maldiciones, y te perseguirán, y te alcanzarán hasta que perezcas; por cuanto no habrás atendido a la voz de Jehová tu Dios, para guardar sus mandamientos y sus estatutos, que él te mandó; y serán en ti por señal y por maravilla, y en tu descendencia para siempre" (Deuteronomio 28:39-46).

Las maldiciones de la ley incluían enfermedad, miseria y maldición aun sobre su generación. Pero no tiene porque apenarse, a menos que usted crea que esta maldición lo alcanzará. Porque los que creemos en Dios y nos arrepentimos de nuestros pecados fuimos redimidos de toda la maldición de la ley. Así que si el enemigo le está diciendo que sus hijos se van a perder eternamente, es una mentira, porque eso era una maldición. Si el enemigo le está diciendo que siempre será un pobre, un fracasado, él es un mentiroso porque usted ha sido redimido y liberado de esa maldición para mirar hacia la bendición.

Si el enemigo le está diciendo que no será sano de esa enfermedad, debe saber que el diablo es un mentiroso, porque ya no estamos mirando hacia la maldición sino hacia la bendición. Por sus llagas hemos sido curados. La realidad muestra que ya no miramos más hacia el monte de la maldición sino al de la bendición.

Por haber creído hemos sido bendecidos con toda bendición espiritual en las mansiones celestiales. Esto significa que hay cosas en los cielos que están reservadas para usted, que aun los ángeles ni los serafines ni los querubines pueden tocar. El Señor lo eligió para que sea parte de la familia, y lo libró de la maldición de la ley para entregarle su reino completo.

Mentiras de la tradición

La tradición es una transmisión hecha por hombres de generación a generación de hechos históricos doctrinales, leyes y costumbres. Son ideas, conceptos e interpretaciones aprendidas y no corroboradas. A muchos no les interesa escuchar esta verdad, porque la tradición les ha enseñado otra cosa. Pero a menos que este concepto se elimine, entonces las promesas podrían hacerse efectivas, porque ella invalida y detiene el poder de la Palabra de Dios.

La tradición ha enseñado que el Señor quiere que usted sea pobre para que no se pierda. Este es un argumento falso que enseña que el dinero daña a los hombres. Pero usted debe saber que no es el dinero el que daña a los hombres, sino el amor al dinero. Usted puede tener todas las cosas, mientras todas las cosas no lo posean a usted. Puede tener un automóvil, mientras que el automóvil no lo posea a usted. Si mañana usted tiene que dejarlo estará igual de contento que si lo conservara, porque su contentamiento no está en las cosas que tiene sino en lo que posee en Dios, y que él vive en su corazón.

La tradición ha querido inculcarnos el sufrimiento: «Tienes que sufrir, que padecer, que pasar por esto». Entonces debemos esconder la declaración de fe proclamada que dice «todas las promesas en él son Sí y Amén por medio de nosotros y para la gloria de Dios». En otras palabras, Dios no le va a negar una de sus promesas, porque si lo hiciera entonces no sería fiel a su Palabra. Cuando Dios le dice que le dará algo, él no puede negarlo después. Si Dios dijo que le daría algo, se lo dará. Él no cambia, porque no es hijo de hombre para mentir ni para arrepentirse.

La tradición también enseña que Dios enferma a las personas. «El Señor permite que usted esté enfermo para que pueda aprender algo». Si debo aprender algo a través de la enfermedad, esto demuestra que la Palabra no tiene poder para enseñarme, solamente la enfermedad tiene poder para hacerlo. Pero nosotros enfermamos porque estamos en un mundo natural y nuestro cuerpo está en permanente contacto con la naturaleza. Pero si la intención del Señor hubiera sido probarnos a través de las enfermedades hubiera dejado algún registro de eso en su Palabras, diría algo así: «No te puedo sanar porque te estoy probando». Pero en la primera ciudad que Jesús entró, la Biblia dice: «A todos los sanó». Había mancos, cojos, ciegos, paralíticos, leprosos, y a todos los sanó. Ese día se acabaron los médicos y la medicina, porque: ¡A todos los sanó! Algo similar ocurrió cuando el pueblo de Israel salió de Egipto, ya que no había enfermos en ninguna de las tribus. ¡A todos los sanó! Hubiera sido imposible que casi tres millones de personas salieran al desierto cargando los enfermos, empujando a los que no podían caminar. Antes de salir comieron el cordero de la Pascua y recibieron sanidad. Los paralíticos se levantaron y los enfermos sanaron. No le crea a la tradición de los hombre. Viva por los principios de la Palabra de Dios.

Pablo tenía el aguijón en la carne y oró al Señor para que se lo quitara. La tradición enseña que el Señor le respondió que no lo liberaría de ese mal, pero ninguna parte de la Biblia lo declara. Pablo le preguntó tres veces al Señor acerca de esto, y le respondió: «Bástate mi gracia, porque mi poder se perfecciona en tu debilidad». No le dijo que no. Le estaba diciendo: «Pablo, cuando estás débil y el enemigo te ataca, y reconoces que no tienes fuerza; bástate mi gracia, mi gracia es suficiente, mi gracia es lo que tú necesitas, no necesitas nada más». Mientras cree que puede, usted pelea, pero cuando reconoce que humanamente no tiene fuerzas, que no tiene recursos, entonces allí surge esta palabra: «¡Bástate mi gracia, porque mi poder se perfecciona en tu debilidad!».

El espíritu de religiosidad debe salir de la iglesia, y quienes aún lo posean no podrán resistir el poder de la Palabra de Dios y tendrán que levantarse y salir corriendo. Porque donde se manifiesta el Espíritu de Dios hay libertad.

La tradición dice: «Job sufrió y dijo: "Jehová quitó, Jehová dio, sea el nombre de Jehová bendito"». Pero la Palabra dice que no fue Dios quien le quitó y mató a los hijos con enfermedad. Satanás, el autor de la muerte y de la destrucción, lo hizo. En ese tiempo el hombre necesitaba urgentemente un mediador delante de Dios. Alguien que oficiara de abogado, que lo defendiese cuando el enemigo se presentara ante el trono y dijera: «Tu siervo te sirve porque le has dado muchas cosas», y respondiera: «Yo pagué el precio para que lo tuviera». Al final del libro, el mismo Job reconoce: «De oídas te había oído, pero ahora mis ojos te ven».

Consecuencias de la bendición

Al ser libres y redimidos de la tradición de los conceptos humanos seremos llenos de la gracia y el poder de Dios por medio de la fe y el Espíritu Santo. Encontraremos que la obra redentora nos liberó de la maldición para caminar en la bendición constante de Dios. Veremos entonces cuáles son las bendiciones declaradas en el monte de la bendición para aquellos que oyen la voz de Dios y creen en él. Cada vez que lea alguna de ellas, diga amén porque son para usted.

> *«Acontecerá que si oyeres atentamente la voz de Jehová tu Dios, para guardar y poner por obra todos sus mandamientos que yo te prescribo hoy, también Jehová tu Dios te exaltará sobre todas las naciones de la tierra. Y vendrán sobre ti todas estas bendiciones, y te alcanzarán, si oyeres la voz de Jehová tu Dios»* (Deuteronomio 28:1-2).

El salmista tuvo una visión conceptual del futuro y dijo: «El bien y la misericordia me seguirán». Hay hombres que pasan su vida siguiendo el bien y la misericordia, tratando de alcanzar la suerte y la bendición. Pero a los hijos de Dios la bendición los sigue donde quiera que vayan.

Continúa diciendo:

> *«Bendito serás tú en la ciudad, y bendito tú en el campo. Bendito el fruto de tu vientre, el fruto de tu tierra, el fruto de tus bestias, la cría de tus vacas y los rebaños de tus ovejas»* (Deuteronomio 28:3-4).

El fruto de su obediencia traerá como consecuencia la bendición sobre sus hijos, sobre su tierra y sus posesiones.

> *«Bendita será tu canasta y tu artesa de amasar. Bendito serás en tu entrar, y bendito en tu salir. Jehová derrotará a tus enemigos*

que se levantaren contra ti; por un camino saldrán contra ti, y por siete caminos huirán de delante de ti. Jehová te enviará su bendición sobre tus graneros, y sobre todo aquello en que pusieres tu mano; y te bendecirá en la tierra que Jehová tu Dios te da. Te confirmará Jehová por pueblo santo suyo, como te lo ha jurado, cuando guardares los mandamientos de Jehová tu Dios, y anduvieres en sus caminos. Y verán todos los pueblos de la tierra que el nombre de Jehová es invocado sobre ti, y te temerán» (DEUTERONOMIO 28:5-10).

Donde quiera que usted vaya habrá bendición, porque la bendición camina a su lado. Los inconversos notarán que ha invocado el nombre de Jehová, y que este opera bendición en su vida.

«Y te hará Jehová sobreabundar en bienes, en el fruto de tu vientre, en el fruto de tu bestia, y en el fruto de tu tierra, en el país que Jehová juró a tus padres que te había de dar» (DEUTERONOMIO 28:11).

Sus hijos y usted tendrán sobreabundancia de bienes. Todo lo que reciba, Dios lo hará sobreabundar. Aunque aparentemente sea poco, el Señor lo aumentará en bendición.

«Te abrirá Jehová su buen tesoro, el cielo, para enviar la lluvia a tu tierra en su tiempo, y para bendecir toda obra de tus manos. Y prestarás a muchas naciones, y tú no pedirás prestado» (DEUTERONOMIO 28:12).

Él abre el buen tesoro de los cielos, y cuando lo hace, la bendición de Dios se derrama sobre toda obra de sus manos. El Señor dijo que somos cabeza y no cola, él no dijo que usted estaría debajo, sino por encima. Eso es parte de la bendición.

«Si obedecieres los mandamientos de Jehová tu Dios, que yo te ordeno hoy, para que los guardes y cumplas, y si no te apartares de todas las palabras que yo te mando hoy, ni a diestra ni a siniestra, para ir tras dioses ajenos y servirles» (Deuteronomio 28:13-14).

No podíamos haber alcanzado todo esto como seres humanos. Pero Cristo vino en la perfección de hijo, encarnado como hombre, para cumplir con toda la ley sin pecar. Porque fue tentado en todo pero sin pecado.

Él cumplió todas las cosas, y transitó el camino por el que se supone que debíamos caminar nosotros, pero él lo hizo en nuestro lugar. El Señor nos dice: «Si ponen su fe en mí, les entrego la victoria. Porque yo caminé y luché. Yo soy el que peleé en medio de esta tierra para lograr la perfección, para llevar a justicia la bendición de mi nombre y yo los bendigo». Por eso la Palabra dice que «somos **más que vencedores** por medio de Aquel que nos amó».

Capítulo 4

Los amigos de la fe

«La fe sola salva pero la fe que salva nunca está sola»
—Robert Leroy

El agua está formada por la unión de dos elementos químicos: oxígeno e hidrógeno. La dinamita está formada por una gelatina que es nitroglicerina mezclada con otros elementos, y cuando detona hace una explosión tremenda. La fe también es el resultado del compuesto de varios elementos. Cuando trabajan juntos, la fe se torna explosiva y provoca cosas maravillosas que parecen imposibles de creer.

El ministerio de Jesús era famoso, muchos habían escuchado acerca de los milagros que él hacía. Cuando la gente se enteró que estaba en Capernaúm empezaron a correr hacia la casa donde se alojaba. Algunos por curiosidad, otros porque necesitaban un milagro para su vida, mientras que los fariseos y escribas simplemente iban a ver lo que hacía el Señor. La casa se llenó, desbordaba de personas que intentaban ver y participar de lo que allí ocurría.

> *«Entró Jesús otra vez en Capernaúm después de algunos días; y se oyó que estaba en casa. E inmediatamente se juntaron muchos, de manera que ya no cabían ni aun a la puerta; y les predicaba la palabra. Entonces vinieron a él unos trayendo un paralítico, que era cargado por cuatro. Y como no podían acercarse a él a causa de la multitud, descubrieron el techo de donde estaba, y haciendo una abertura, bajaron el lecho en donde yacía el paralítico. Al ver Jesús la fe de ellos, dijo al paralítico: Hijo, tus pecados te son perdonados. Estaban allí sentados algunos de los escribas, los cuales cavilaban en sus corazones: ¿Por qué habla éste así? Blasfemias dice. ¿Quién puede perdonar pecados, sino sólo Dios? Y conociendo luego Jesús en su espíritu que cavilaban de esta manera dentro de sí mismos, les dijo: ¿Por que caviláis así en vuestros corazones? ¿Qué es más fácil, decir al paralítico: Tus pecados te son perdonados, o decirle: Levántate, toma tu lecho y anda? Pues para que sepáis que el Hijo del Hombre tiene potestad en la tierra para perdonar pecados (dijo al paralítico): A ti te digo: Levántate, toma tu lecho, y vete a tu casa. Entonces él se levantó en seguida, y tomando su lecho, salió delante de todos, de manera que todos se asombraron, y glorificaron a Dios, diciendo: Nunca hemos visto tal cosa»* (Marcos 2:1-12).

En una oportunidad viajamos a la ciudad de Orlando y una familia nos invitó a cenar a su casa que era muy pequeña. Como la dueña había dicho que serviría comida, poco a poco comenzaron a aparecer varios miembros de su iglesia. La casa estaba tan llena que la gente estaba de pie y se apretaba, así también ocurrió en la casa de Pedro.

Según el relato bíblico, aunque allí no había comida natural sino comida espiritual, que era el pan del cielo, todos querían entrar. Pero había un hombre que padecía una enfermedad que le impedía movilizarse por sus propios medios. Sin embargo, tenía algo muy valioso: cuatro buenos amigos. Estos eran hombres especiales en el Señor, hacía tiempo que estaban pensando cómo poder ayudar a su amigo, y cuando se enteraron que Jesús había llegado a la ciudad, pensaron: «Esta es la oportunidad que esperábamos».

G. K. Chesterton escribió: «Nosotros nos buscamos nuestros amigos y nuestros enemigos». Alguien definió a un amigo como una persona que se puede meter en su casa en un minuto y le toma dos horas en quitárselo de encima. Los amigos pueden ser una gran bendición, como lo fueron para este hombre. Estos cuatro amigos que lo ayudaron fueron muy importantes para su fe, esa fe que lo ayudó a levantarse de su lecho y volver a caminar. Cuando Jesús vio la fe de estos hombres sanó al paralítico marcando entonces un gran testimonio de sanidad que aún hoy nos inspira. La fe explosiva de estos hombres trajo como consecuencia un milagro y una gran enseñanza.

Esa clase de fe necesitaba de la combinación de algunos otros elementos para alcanzar el milagro. Para descubrir cuáles fueron estos elementos le pondremos nombre a cada uno de los amigos del paralítico y así armaremos la fórmula explosiva de una fe poderosa.

Amigo Compasivo

En cierta ocasión estaba en un estadio durante una reunión multitudinaria, y mientras alabábamos un hombre pasó a mi lado cargando entre sus brazos a otro que no podía caminar y necesitaba ser sano. Entonces, aquel amigo lo tomó en sus brazos, lo bajó por las escaleras y lo sentó en un lugar para que escuchara la prédica y pudiera ser alcanzado por un milagro de Dios. Luego veo que otro hombre llevaba las muletas del paralítico, caminó hasta llegar a él y se sentó junto a su lado. Al terminar la reunión volvieron a sacarlo en brazos y lo regresaron a su casa. Al ver esto pensé: «¡Señor, qué compasión tan grande! ¡Qué amor el de estos amigos!»

Por esa razón llamaremos «Compasivo» al primero de los amigos, porque la fe sin compasión carece de poder, carece de virtud. Para que la fe sea explosiva debe contener en su fórmula compasión, que es el motor del amor, es la fuerza que derrama amor sobre otra persona.

Estos hombres tomaron a su amigo y dijeron: «Te llevaremos donde está Jesús; y cueste lo que cueste llegarás a él para recibir sanidad». La Palabra dice que Dios creó todas las cosas por su misericordia. Por esta razón, la compasión y la misericordia están presentes en todas las cosas creadas. Jesús ministró esa compasión, así lo hizo con el leproso que se acercó diciéndole: «Si tú quieres, puedes sanarme». Y Jesús teniendo compasión de él, extendió su mano y le dijo: «Sí, quiero, sé limpio». La compasión produjo ese milagro.

Si su fe no ha sido explosiva, es porque no ha caminado en compasión. Para ello debe abandonar sus propios problemas. A veces estamos tan enredados en nuestras circunstancias que no nos importa nada ni nadie más. Pero cuando empezamos a interesarnos por los problemas de los demás, entonces la compasión empieza a dirigir nuestra fe y se convierte en una fe explosiva.

Había una mujer de la ciudad de Naín, que estaba enterrando a su único hijo, cuando se cruzó con Jesús que estaba entrando a la ciudad. Al ver a la madre llorando tuvo compasión de ella y le dijo: «No llores». Tocó el féretro y el muchacho se levantó, y él se lo entregó a su madre.

Cuando la compasión sale de nosotros como fuente, la fe se convierte en poderosa. Los milagros más grandes que Dios ha hecho a través de mi mano sucedieron porque he tenido compasión de las personas. Si quiere moverse a una fe poderosa, tiene que hacerlo en la compasión.

Cuando visito a los enfermos en el hospital siento gran compasión por ellos y oro para que Dios los levante. Me enfrento a mis limitaciones humanas y recurro al poder de Dios y de la fe. Pongo mis manos sobre ellos creyendo en lo que dice la Palabra, porque los milagros más grandes son los milagros dirigidos por la compasión.

La Biblia relata la historia del profeta Eliseo y la mujer sunamita estéril. Eliseo oró para que ella tuviera un hijo, y lo tuvo. Pero al poco tiempo el niño enfermó y murió. Cuando Eliseo lo supo envió a su criado Giezi, con las siguientes instrucciones: «Toma mi báculo y vete, y pónselo encima al niño». El criado obedeció y le puso encima el báculo, pero no pasó nada. Así fue que Eliseo entendió que necesitaba una fe más poderosa que simplemente enviar el báculo. Entonces fue hasta la casa, entró al cuarto, oró y se acostó encima del niño. Puso sus manos sobre las manos del niño y su cara sobre su cara. Cuando el cuerpo del profeta tocó el cuerpo del niño, recibió la vida.

El báculo es un símbolo de la fe, pero de la fe simple, esa clase de fe no produce milagros si no está acompañada de compasión. Hay momentos en los que queremos utilizar la fe simple para que sucedan milagros, pero para poder ver la gloria de Dios hay que pasar al nivel de la compasión. Hay que sentir lo que otros sienten y compadecerse. Para que la fe explote en su interior hay que sentir lo que otros sienten.

Amigo Determinado

Al segundo amigo le pondremos por nombre «Determinado» y significa «resuelto, decidido». La fe poderosa debe tener determinación. He visto personas que tienen una fe simple, sin determinación, y cuando buscan algo de Dios, a la primera oposición se retiran diciendo: «No se puede». Pero la fe explosiva es como la mordida de un Pitbull, su mandíbula tiene un mecanismo que al morder se traba y nada la puede abrir. Cuando se cierra, la presión es tan fuerte y poderosa que no suelta lo que atrapó.

La fe que es poderosa tiene un elemento de determinación, y cuando quiere algo cierra la quijada y nada la mueve. Hay muchas personas que empiezan bien pero no terminan. La fe poderosa es aquella que empieza y aunque vengan las dificultades sigue firme asegurando: «Estoy determinado a recibir lo que quiero de parte de Dios. No habrá nada que me detenga».

> *«Más el justo por la fe vivirá". Y si retrocediere, no agradará a mi alma. Pero nosotros no somos de los que retroceden para perdición. Sino de los que tienen fe para preservación del alma»* (Hebreos 10:38).

Los que retroceden no pertenecen al cuerpo de Cristo, porque la palabra «retroceder» no está en el diccionario de Dios. Los grandes hombres de fe que han hecho cosas poderosas para la gloria de Dios lograron su cometido porque eran determinados y no retrocedieron.

Había una mujer que sufría flujo de sangre y que había gastado todo lo que tenía en los médicos, y aun así seguía peor. Pero esta mujer escuchó hablar de Jesús y dijo: «Él es mi esperanza, Jesús es la solución a mi problema. Si tan sólo tocara el borde de su manto recibiría sanidad». Antes de salir de su casa la mujer determinó en su mente: «Tocaré a Jesús, aunque sea tocaré el borde de su manto». Esta mujer tuvo que decidir y su decisión fue como la mordida del Bulldog, determinante. Nada ni nadie le impediría recibir lo que ella necesitaba. Aunque la multitud apretaba para acercarse a Jesús y ella estaba débil, sacó fuerzas de donde no tenía y proclamó: «Jesús es mi esperanza, no me voy a quedar donde estoy». Empujó a todos para llegar donde él estaba. Seguramente forcejeó, la sacaron una y otra vez, la pisaron, pero siguió diciendo: «Tocaré el manto del Señor y nada me detendrá». Siguió empujando, empujando, empujando, empujando, hasta que llegó al manto y se tomó fuerte de él. Al instante salió virtud de Jesús y ella fue sana.

Si usted no tiene este elemento en su fe, no será una persona que posea una fe poderosa. Jacob luchó con el ángel por una bendición, luchó con determinación porque tenía una mordida como la del Bulldog. Metió sus dientes, cerró su mandíbula y dijo: «No voy a soltar al ángel hasta que no reciba la bendición». Otro en su lugar hubiera dicho: «Ya es muy tarde, tengo sueño y todavía no me has bendecido. Así que, olvídalo». Pero él luchó con el ángel toda la noche hasta rayar el alba. A la madrugada, el ángel le dijo: «Déjame, porque raya el alba». Pero ese era el momento preciso para que Jacob sacara la última fuerza de determinación que tenía en su corazón, y respondió: «No te dejaré si no me bendices». El ángel lo miró y le preguntó: «¿Cuál es tu nombre?», e inmediatamente declaró la bendición sobre él: «No se dirá más tu nombre Jacob, sino Israel; porque has luchado con Dios y con los hombres, y has vencido».

Los cuatro amigos que llevaban al paralítico estaban determinados. No les importó la multitud que colmaba la casa. Aunque no podían entrar por la puerta, le dijeron a su amigo: «No te preocupes que nosotros te llevaremos adentro. No sabemos cómo, pero entrarás allí. No importa si hay que empujar o sacar gente del medio. Estamos determinados a que hoy recibas un milagro».

La determinación hace que la fe se transforme en poderosa. Hay personas que han orado por años respecto a una petición, se cansaron de esperar y dijeron: «Esto jamás ocurrirá». Sin embargo, hay otras que han perseverado en la esperanza del milagro, y si venían vientos, problemas y luchas, siguen y siguen, porque saben lo que quieren. Su fe ha mordido la bendición y la promesa de Dios y dicen: «Me levantaré y seguiré determinado en alcanzar lo que el Señor me ha prometido».

Una persona determinada se convierte en intrépida, valiente, esforzada, osada, una persona con agallas. Durante un servicio de culto se me acercó una señora mayor y me dijo:

—Ore por mí ahora mismo.

—Debe esperar su turno, —le respondí.

—Los que están en fila se están riendo, miran el techo, hablan y no les importa nada. Pero a mí sí me importa. Quiero recibir la bendición por eso me metí antes que ellos, porque la unción que ellos desprecian la quiero recibir yo.

Hace falta gente con agallas que quiera recibir la bendición de Dios, que esté determinada a recibir lo que el Señor le ha prometido. Cuando usted esté determinado, el enemigo lo conocerá, como los perros reconocen a los que les tienen miedo. Pero al igual que a un perro, cuando el enemigo venga a morderlo usted le dirá: «Sal de adelante mío o vuelas de una patada».

El enemigo sabe que quienes están determinados tienen agallas en el espíritu para no rendirse. Él conoce sus nombres, los tiene anotados en una lista. Pero también tiene otra lista de los que no tienen agallas, y cuando estos comienzan a buscar bendición, él dice: «Olvídate de eso».

Y a Satanás le da dolor de cabeza cuando toda la lista de los determinados con agallas empieza a buscar cosas grandes de Dios, porque sabe que no los podrá detener demonio ni malicia.

En este tiempo Dios está levantando un grupo de hombres y mujeres determinados y con agallas espirituales para hacer lo que el Señor mandó. El enemigo está furioso por lo que Dios está haciendo en este tiempo, pero los hombres determinados son los únicos que cerrarán su boca. Porque el enemigo podrá cerrar puertas, pero jamás podrá cerrar la puerta de los cielos, porque a él no le pertenece. Pero los determinados, los que tienen agallas, ellos tienen un llavero en su cintura. El Señor les dio las llaves que abren todas las puertas.

Amigo Ingenioso

Llamaremos «Ingenioso» al tercero de los amigos. La fe poderosa es ingeniosa. Si no sabe cómo, lo inventa, pero siempre alcanza su objetivo.

Cuando el enemigo le pone una traba por delante, el ingenioso dice: «Iré por detrás». Cuando le pone un obstáculo por atrás dice: «Iré por el frente». Cuando la traba viene por encima, entonces dice: «Me tiro en paracaídas». El ingenioso siempre inventa algo para alcanzar lo que Dios ha prometido.

La fe tiene que ser ingeniosa, así como estos hombres que hicieron lo imposible para introducir a su amigo en la casa. Ellos subieron al techo, lo rompieron y bajaron a su amigo. Estos hombres fueron ingeniosos porque al ver que la multitud que se agolpaba contra la casa, vieron que en el techo no había nadie y subieron pensando en romperlo. Además también sabían que el dueño de la casa no se enojaría. Intentaron entrar por la puerta y no pudieron. Probaron ingresar por atrás, y no pudieron. Trataron de muchas maneras, y no pudieron. Entonces la fe se convirtió en ingenio y dijeron: «Entraremos por el techo».

Para poder ser poderosa, la fe tiene que ser hábil e inteligente. Jesús practicó la fe ingeniosa. En una ocasión, cuando la multitud lo superaba, dijo: «Pedro, préstame tu barca», y comenzó a predicar desde allí. Eso fue ingenioso. Jesús fue el primer predicador que predicó desde un barco a los que estaban en tierra.

En otra oportunidad, cuando sus compañeros se hundían en el mar por causa de la tormenta, Jesús buscó la forma de trasladarse allí, y al no encontrar ninguna barca, dijo: «Voy a caminar sobre las aguas». También Jesús usó la habilidad de la fe para darle de comer a una multitud con unos pocos panes y peces. Su ingenio lo llevó al milagro de la multiplicación.

Mientras algunas personas abandonan a mitad de camino porque no logran su objetivo, otras expresan: «No tengo la manera de lograrlo, pero me las ingeniaré para alcanzarlo».

Recuerdo también una historia protagonizada por el Dr. David Yonggi Cho. Él necesitaba un préstamo de dinero y fue al banco a gestionarlo, pero no lo dejaron entrar. Él le insistió a la recepcionista diciendo:

—Dígale a su jefe que aquí hay un embajador.

—¿Un embajador? —exclamó la joven.—¡Oh, sí, disculpe!

Le avisó a su jefe y de inmediato se le abrieron las puertas. Entonces el Dr. Cho entró al despacho y se sentó. Enseguida el gerente inquirió

—¿Embajador?

—Sí, soy embajador, — respondió el pastor entusiasmado. —Vengo con una misión del reino al que sirvo y necesito un préstamo de tanta cantidad.

—Pero ¿cuál es su reino? ¿De qué país viene?, —replicó el gerente.

—Vengo del reino de los cielos, —reconoció el pastor sin vueltas.

Sorprendido por la sinceridad, el gerente del banco comenzó a reír: «La verdad que usted es muy ingenioso. No se preocupe que nosotros le daremos el préstamo que necesita».

Cuando Pedro necesitó dinero para pagar los impuestos, Jesús le dijo: «Mete el anzuelo y saca un pez. Abre su boca y saca una moneda para pagar mis impuestos y los tuyos». La fe que tiene habilidad es la fe que no ve obstáculos, o que se las ingenia para superarlos.

Cuando participé de una campaña en Nicaragua descubrí la fe ingeniosa de ese pueblo. Estaban necesitados pero decidieron llegar a la campaña como fuera. Hubo gente que llegó en burro, otros a caballo, algunos en bicicleta o en patineta. Esa gente quería una bendición y salió a buscarla como pudieran.

A lo largo de la historia de la humanidad las grandes personalidades que han tenido una fe poderosa fueron personas con habilidad e inteligencia para usar su fe en un momento determinado. Eso lo da el Espíritu de Dios.

Una señora oraba por su esposo inconverso al que le gustaba mucho beber. Cada día esperaba un milagro, pero cuando abría la nevera y encontraba cervezas, las tiraba a la basura. Cuando él regresaba a su casa después del trabajo, al abrir la nevera y no encontrar las cervezas, él le rompía la Biblia. Un día la esposa abrió la nevera encontró seis cervezas y las tiró a la basura. Cuando el esposo llegó y vio lo que su esposa había hecho, volvió a romper su Biblia nueva, como cada vez anterior. Cansada de lo que sucedía y movilizada por el deseo de ver a su esposo cambiado, ella oró al Señor preguntando: «¿Qué debo hacer?» Y el Espíritu Santo le respondió a través de la prédica del pastor de su iglesia que explicaba acerca de la habilidad de Dios para resolver situaciones difíciles. Cuando el servicio terminó le preguntó al pastor qué debía hacer, a lo que le respondió: «No lo contradigas más, repón lo que tiraste a la basura».

Cuando el esposo regresó a la casa, abrió enojado la nevera pensando que no encontraría las cervezas que había dejado el día anterior, pero las cervezas aún estaban allí. Al ver esto salió corriendo de la cocina a buscar a su esposa y preguntarle:

—¿A qué hora es el culto hoy?

—Es por la tarde, —respondió asombrada.

—Entonces iré contigo, —aseguró el hombre.

Esa tarde el Espíritu Santo lo transformó de tal forma que al llegar a su casa él mismo botó todas las cervezas. La fe ingeniosa es una fe poderosa.

Amigo Conocedor

Al cuarto y último amigo lo llamaremos «Conocedor» que significa «versado, enterado, informado». En el Evangelio de Lucas encontramos el mismo relato que citamos al principio del capítulo en el libro de Marcos. Allí dice: «*Pero no hallando cómo hacerlo a causa de la multitud, subieron encima de la casa, y por el tejado le bajaron con el lecho, poniéndole en medio, delante de Jesús*» (Lucas 5:19).

La casa estaba llena de religiosos, fariseos y escribas que estaban contemplando los milagros, sin embargo, los amigos del paralítico sabían quién era el que haría la sanidad. Jesús era el único que podría sanar al paralítico

La fe que tiene información es una fe poderosa, es la que conoce las promesas y los privilegios. Usted no puede recibir algo que no sabe esta disponible, que no sabe que le ha sido concedido.

Hay personas que no viven como hijos de Dios porque no saben cuáles son las promesas de este pacto. No conocer las promesas es igual a no tenerlas. Algunos tienen más información de la revista «TV Guía» o «Time», que de la Palabra de Dios. Pero los amigos del paralítico estaban informados.

Llamé Conocedor al cuarto amigo, porque él sabía que tenía que poner al lisiado en un lugar determinado. No debían depositarlo en cualquier sitio sino que tenían una estrategia: «Conocemos que el poder para sanar está en Jesús».

En 2 de Pedro el texto declara lo siguiente: «Añadid a la fe conocimiento». Añada a la fe el conocimiento, porque cuando recibe la fe es porque tiene conocimiento. Ya que la fe viene por el oír, y el oír la Palabra de Dios. Mientras más conocimiento reciba, más fe tendrá. La fe poderosa es la fe que conoce.

Los que pasan de un nivel simple de fe a otro poderoso, son aquellos que tienen una fe conocedora. Ellos saben que dependen de Jesús y que el poder está en la Palabra de Dios. Hay personas nuevas que no entienden, pero aquellos que poseen fe conocedora saben que tienen poder en sus manos para orar por los enfermos. Ellos conocen los privilegios que tienen a través de la fe y de la Palabra de Dios. Usted debe conocer los privilegios y las promesas que tiene en el Señor, porque cuando las conoce sabe a quién recurrir, a quién orar, a quién pedir. No importa la hora que sea, Jesús de Nazaret es la fuente de poder, de virtud y de milagros.

He visto personas que al conocer sus privilegios dejaron de ser cristianos simples y se han transformado en cristianos poderosos. Cuando David fue a pelear con Goliat, él tenía una fe conocedora. Los demás no entendían las promesas del pacto, y que ellos tenían las mismas promesas y bendiciones que David. Pero David sí conocía cuál era esa promesa, y por esa razón llegó al lugar de batalla y lo primero que dijo fue: «¿Quién es este incircunciso que se atreve a retar a los escuadrones del Dios viviente?». La señal del pacto era la circuncisión. «Yo he practicado tantas cosas», dijo David, «pero ahora opté por recurrir a las promesas de Dios. Porque he visto su poder en mí vida frente a los leones, al pelear contra los osos y los lobos. He visto cosas maravillosas, porque sé en quién he creído».

Hace un tiempo atrás, una persona me contó que había recibido sanidad en uno de nuestros cultos. Cuando salió de la iglesia llegó sana a su casa. Al otro día se levantó con un poco de dolor en el mismo lugar, entonces se levantó de la cama y le dijo a Satanás: «Tú eres un mentiroso, yo conozco las promesas de Dios y sé lo que el Señor ha hecho en la cruz del Calvario. Por sus llagas fui curado. Ahora te saco de este lugar, porque no tienes autoridad sobre mi cuerpo». Luego de estas palabras, esa persona no volvió a padecer más el dolor.

Muchas veces nosotros mismos permitimos que el enemigo juegue con nuestra vida porque no conocemos lo que el Señor nos ha concedido.

Llénese del conocimiento de la Palabra de Dios. Llénese de una fe conocedora, conozca que la fuente poderosa es Jesús, no es el pastor, no es la iglesia, no es el altar. Jesús de Nazaret es la fuente de milagros. Llévele su necesidad ante su presencia y él obrará en su favor.

Capítulo 5

Dos fuerzas conquistadoras

«No perdáis, pues, vuestra confianza, que tiene grande galardón; porque os es necesaria la paciencia, para que habiendo hecho la voluntad de Dios, obtengáis la promesa. Porque aún un poquito, y el que ha de venir vendrá, y no tardará. Mas el justo vivirá por fe; y si retrocediere, no agradará a mi alma. Pero nosotros no somos de los que retroceden para perdición, sino de los que tienen fe para preservación del alma».
(Hebreos 10:35-39)

Un periodista le preguntó en cierta ocasión a Severiano Ballesteros, el laureado jugador de golf español:

—Usted tiene mucha suerte cuando juega al golf, ¿no es verdad?

—Efectivamente, —le contestó—, cuanto más practico, más suerte tengo.

Algunos creen que el éxito es producto de la suerte y no del trabajo esforzado. Pero solamente obtiene el galardón de su vida quien espera con paciencia el fruto de la fe y el trabajo.

Por ejemplo, muchos piensan que la paciencia y la fe son dos cosas distintas y que no tienen relación entre sí. Pero permítame demostrarle lo contrario. La paciencia y la fe son dos fuerzas conquistadoras que se entrelazan.

La paciencia no es la resignación pasiva ante circunstancias adversas, aunque algunos creen eso. La Biblia dice que la paciencia es una fuerza, un poder, una virtud.

El vocablo proviene del término griego «uposmone», que significa «fuerza de consistencia». Es una fuerza que se mantiene constante, invariable en medio de cualquier circunstancia. Por lo tanto, la paciencia es una fuerza que opera frente a la adversidad y a la oposición.

En primer lugar debemos saber que la paciencia proviene de Dios. Es una virtud que nace de él. La Palabra dice que Dios es quien da la paciencia (Romanos 15:5). Además es uno de los frutos del espíritu: «*Mas el fruto del Espíritu es amor, gozo, paz, paciencia, benignidad, bondad, fe, mansedumbre, templanza*» (Gálatas 5:22).

Además, en otro versículo de la Biblia, Pablo pide: «*El Señor encamine vuestros corazones al amor de Dios, y a la paciencia de Cristo*» (2 Tesalonicenses 3:5). Luego de leer estos textos queda claro que la paciencia no proviene de los hombres sino de Dios.

En segundo lugar, tenemos que entender que si la paciencia proviene de Dios entonces la prueba no es la que produce paciencia. Imagino que ante mi declaración la duda arribó a su mente: «Pero… eso dice la Biblia».

Hay quienes aseguran que si usted quiere tener más paciencia, entonces debe pedirle al Señor pruebas. Sin embargo, acabamos de probar que la paciencia proviene de Dios y no de la prueba.

De lo contrario, si la adversidad crea la paciencia, entonces la adversidad es la que tiene el control de la paciencia. Pero la paciencia es una fuerza, una virtud que proviene de Dios y que ya está dentro de usted. Porque si el espíritu de Dios habita en usted entonces tiene el fruto del espíritu, está equipado con fe, paz, amor y paciencia.

La fe desarrolla paciencia

Para entender mejor este postulado leamos el versículo que causó esta confusión: «*Hermanos míos, tened por sumo gozo cuando os halléis en diversas pruebas, sabiendo que la prueba de vuestra fe produce paciencia*» (Santiago 1:2-3).

Si buscamos en el griego la raíz de la palabra «producir», veremos que significa «trabajar completamente o desarrollar». En inglés, el término que se utiliza es «to work up». Esta expresión se oye frecuentemente en los gimnasios, pues allí es donde se desarrollan los músculos. Del mismo modo, la paciencia no es producida por la prueba sino que la prueba desarrolla la paciencia como un músculo.

Por esa razón, cuando venga la prueba y el enemigo empiece a atacarlo, aquello que ya está dentro de usted saldrá afuera. En vez de hacerle un mal, lo que está en su interior se convertirá en una fuerza que lo cubrirá de la cabeza a los pies.

Hay otro texto parecido al anterior que dice: «*Sabiendo que la tribulación produce paciencia*» (Romanos 5:3). Y se emplea el mismo término en griego, por lo tanto se aplica como «desarrollar la paciencia».

Al descubrir esto entendemos que la paciencia es una fuerza que debe ser ejercitada, de lo contrario al igual que un músculo sin ejercicio no serviría de nada. Todo lo que Dios nos dio y que emana de él es de bendición.

Pero... ¿qué cosas desarrollan la paciencia?

Hay cuatro factores que desarrollan nuestra paciencia ante la prueba: la carne, el mundo, el diablo y el tiempo.

En primer lugar, la carne desarrolla nuestra paciencia porque lucha constantemente contra el espíritu. Nos provee de razonamientos humanos, dudas y temores, ofreciéndole batalla a nuestra fe. Por ejemplo, cuando usted trata de creerle a Dios para una sanidad, su carne le dirá que no puede recibirla, especialmente si su médico le ha dicho: «Lo suyo no tiene cura». Entonces su carne ofrecerá resistencia a su fe. Cuando quiera creerle a Dios, su carne y su razonamiento le dirán: «No, el médico dijo que no hay salida». Sumado a ese pensamiento, su cuerpo dirá: «Estoy sintiendo el dolor». Pero su fe grita desde lo profundo de su espíritu: «Yo le creo a Dios, porque la Palabra dice que por sus llagas fuimos nosotros curados». Por esta razón la Biblia señala la existencia de la buena batalla de la fe. Cada vez que usted desafíe su fe se librará una batalla, y habrá resistencia.

En segundo término, el mundo ofrecerá resistencia porque el cosmos no le cree a Dios. Cuando usted decida expresar su fe, lo primero que dirán es que está loco, no lo entenderán. Cuando usted diga que le cree a Dios y a sus promesas, el mundo lo va a perseguir.

En tercer lugar, el diablo no se quedará sentado diciendo: «Oh, Edwin lanzó su fe a trabajar. ¿Qué puedo hacer yo?». Él no se quedará sentado, se opondrá a todo aquello que viene a través de la fe. Él no quiere que recibamos bendición porque nos odia, y porque cuando somos bendecidos el mundo descubre que Dios está vivo. Por esa razón a Satanás no le conviene dejar operar nuestra fe y procurará que no la usemos más.

Cuando usted lanza la fe, esta sale a trabajar. Es la encargada de traer al mundo físico lo que usted ha creído. Cada vez que envía la fe, ella tiene la llave para ganar. Para ir y volver con lo que usted creyó.

En cuarto y último lugar está el tiempo. Hay semillas lanzadas por usted que son semillas de tiempo. Supongamos que es una semilla de la fe y me envían a trabajar para que traiga una promesa, pero esa promesa que sembró la persona que me envió no tiene un tiempo determinado. Esa semilla no es instantánea, lleva su tiempo. Y entonces trabajo por tres semanas seguidas, recojo la semilla y la fe está haciendo su trabajo. Pero pasó un mes, dos meses, tres meses y sigo trabajando. En otras palabras, la fe sigue haciendo su trabajo. Esa semilla, esa promesa, se toma su tiempo. Hay otras que son instantáneas, pero esa toma tiempo.

> *«Así es el reino de Dios, como cuando un hombre echa semilla en tierra; y duerme y se levanta, de noche y de día, y la semilla brota y crece sin que él sepa cómo, porque de suyo lleva fruto la tierra, primero hierba, luego espiga, después grano lleno en la espiga. Y cuando el fruto está maduro, en seguida se mete la hoz, porque la siega ha llegado»* (MARCOS 4:26-29).

Este texto se expresa en cuatro tiempos de espera. Entonces, usted no puede pretender sembrar la semilla y sacarla instantáneamente, porque esa semilla lleva su tiempo. Así es el reino de Dios. Si envía su fe a trabajar sobre una semilla de tiempo, y no tiene la fuerza de la paciencia, su fe se va a debilitar y perderá el galardón.

Pero mientras envíe su fe a trabajar y eche agua a la semillita que va creciendo, ésta protegerá a la fe para que no se debilite. De este modo, cuando termine y recoja el fruto la paciencia dirá: «Bienvenido». Y la fe responderá: «Toma, aquí está lo que pediste».

La fe en acción

Debemos entender cómo trabajan la fe y la paciencia, ambas fuerzas juntas. Si la fe fuera una persona y recibe el mandato de traer algo del mundo espiritual al natural, obedientemente hará el trabajo. Pero si no tiene paciencia, vendrá la carne, el mundo, Satanás y el factor tiempo para derrotar a la fe.

Por eso razón Pablo señala que la paciencia es necesaria. El trabajo de la paciencia es que cuando viene el cosmos, la carne y el reino de las tinieblas a tratar de debilitar la fe, la paciencia le hace frente para impedir su paso. La paciencia recibe los golpes pero no se rinde, porque es la encargada de defender a la fe hasta que ella termine de cumplir su mandato. Esta estrategia nació de la mente de un Dios sabio y poderoso. Él no envió a la fe sola sino que la acompañó de otra fuerza poderosa que es la paciencia.

Cuando la paciencia empezó a operar era débil. Pero según vino la prueba, la paciencia fue haciéndose más resistente. Esa resistencia desarrolló los músculos y la espalda de la paciencia. Y la paciencia se fue haciendo cada vez más fuerte con el paso de los años.

> *«Hermanos míos, tened por sumo gozo cuando os halléis en diversas pruebas, sabiendo que la prueba de vuestra fe produce paciencia. Más tenga la paciencia su obra completa, para que seáis perfectos y cabales, sin que os falte cosa alguna»* (Santiago 1:2-4).

Cuando la paciencia se desarrolla al nivel que Dios quiere, todo lo que usted pida le será hecho. No habrá infierno, mundo, carne ni tiempo que pueda desanimar su fe. Porque irá acompañada por la paciencia, que está desarrollada para defenderla. Cada vez que usted le crea a Dios, lo que crea será hecho.

Resultado de la experiencia

«Y no sólo esto, sino que también nos gloriamos en las tribulaciones, sabiendo que la tribulación produce paciencia; y la paciencia, prueba; y la prueba, esperanza» (Romanos 5:3-4).

El término griego utilizado aquí para la palabra «prueba» significa «experiencia». En este sentido, el texto anterior debe interpretarse así: No solamente eso, sino que también nos gloriamos en la tribulación, sabiendo que la tribulación desarrolla la paciencia. Y la paciencia desarrolla la experiencia.

¿Cuántos viven por experiencia? ¿Cuántos aprendieron que la estufa quemaba por la experiencia, luego de tocarla? Hemos aprendido muchas cosas por la experiencia. Cuando la paciencia se desarrolla suma experiencia.

¿Cuántas veces le ha creído a Dios? ¿Ha tenido alguna experiencia negativa por creerle? Entonces la experiencia se ha desarrollado en usted de manera positiva. Cuando tenía 15 años no poseía la experiencia que tengo ahora.

Cada vez que usted lance su fe a trabajar la paciencia se desarrollará más fuerte, y al mismo tiempo desarrollará su experiencia.

¿Lo ha sanado el Señor de alguna enfermedad? Quizá no tenga aún ese cúmulo de experiencia en usted. Más quien recibió un milagro puede decirle al enfermo: «Le contaré sobre una experiencia que he tenido». Esa vivencia desarrolló la paciencia que defendió a la fe para que hiciera su trabajo, a fin de poder recibir aquello en lo cual creyó.

Si tuvo una buena experiencia, la próxima vez que pase por pruebas ¿tendrá esperanza? ¿Cuál sería la esperanza de aquellos que el Señor sanó si volvieran a caer enfermos? ¿El mismo Dios que los sanó no lo hará de nuevo? ¡Claro que sí!

Por eso el texto continúa diciendo que la paciencia produce experiencia, la experiencia produce esperanza y *«Y la esperanza no avergüenza; porque el amor de Dios ha sido derramado en nuestros corazones por el Espíritu Santo que nos fue dado»* (Romanos 5:5).

No importa que otros se rían, porque la esperanza no avergüenza, Él nunca nos ha fallado ni nos fallará. Nuestra esperanza no avergüenza, porque está fundamentada sobre la confianza en el amor de Dios.

Dios nos ama tanto que volvería a hacer lo mismo de ayer. Porque aún cuando somos infieles Él permanece fiel. Aún cuando somos imperfectos, Él es perfecto. Aún cuando no sabemos todo, Él lo sabe todo. Porque nos ama, y por tal motivo prometió estar presente para defendernos y darnos la herencia que nos corresponde según la promesa.

Herederos de la promesa

> *«Pero deseamos que cada uno de vosotros muestre la misma solicitud hasta el fin, para plena certeza de la esperanza, a fin de que no os hagáis perezosos, sino imitadores de aquellos que por la fe y la paciencia heredan las promesas»* (Hebreos 6:11-12).

Debemos imitar a los que por medio de la fe y la paciencia heredan las promesas. La clave es la fe y la paciencia.

Si envío la fe para creerle a Dios por un milagro financiero y digo: «Señor, creo en tu Palabra que dice: "Mi Dios pues suplirá todo cuanto falte conforme a sus riquezas en gloria". Lo creo Señor y considero que ya está hecho». Pero luego saco la billetera y la encuentro vacía. Frente a esto, el mundo opina: «¡Eso no funciona!». Pero la paciencia dice: «¡Sí funciona! ¡Dios te ama y no fallará!». Escucho a la paciencia y me siento mejor. En ese momento tres cobradores llaman por teléfono, entonces el mundo me dice: «¿De dónde sacarás el dinero?». Mi respuesta es: «Le estoy creyendo a Dios». Pero la paciencia defiende a mi fe y me recuerda: «Tranquilo. Dios te lo ha prometido y no te va a fallar. Él envía su Palabra que nunca vuelve vacía. Esta Palabra no está muerta, tiene vida en sí misma».

Cuando la paciencia defiende a la fe, no hay forma de hacerla retroceder. No importa cuánto tarde, lo logrará. Puede que el tiempo de la semilla sea prolongado. Pero créale a Dios, créale a su Palabra y deje que la paciencia defienda su fe. Y cada vez que la paciencia y la fe entren en acción, heredará las promesas.

A Dios no le agradan los que retroceden. La lucha vendrá a través de una serie de presiones que el enemigo, la carne, el mundo y el tiempo le pondrán. Pero mientras esté firme parado sobre la roca, aunque vengan tormentas por todos los frentes y el viento golpeara, la paciencia lo estará defendiendo y permanecerá estable.

¿Cuántas veces ha pedido por un milagro financiero? Una vez estaba creyéndole a Dios acerca de una cantidad de dinero que necesitaba y me estaba poniendo impaciente. El Señor me dijo: «Si fuera viernes en la tarde y apareciera un hombre rico queriéndote regalar 500.000 dólares en cheque. ¿pasarías todo el fin de semana preocupado hasta que abra el banco o estarías contento con ese regalo que ya es tuyo?

La Palabra lo hace realidad porque nunca vuelve vacía. La Palabra trabaja, trabaja y trabaja tan pronto es enviada. La paciencia defiende a la fe, para que haga su trabajo y logre traer al mundo natural lo que usted ha creído en el mundo espiritual. Tenemos que proteger nuestra paciencia y dejar que haga su trabajo.

¿Cómo proteger la paciencia?

La mejor manera de proteger la paciencia es cerrando la boca. Cada queja suya desanima la paciencia. Mejor cierre la boca y deje que la paciencia trabaje. Cuando le pregunten algo y no tiene nada que responder, no conteste. Cuando le reprochen: «¿No habías dicho que Dios te sanó?». En lugar de responder lo que el mundo, la carne y el diablo quieren oír: «Me equivoqué». Diga: «¡Dios no falla! La paciencia está haciendo el trabajo y la fe también. ¡La promesa de Dios se hará real!»

¿Cuántas veces se ha enojado en la prueba en lugar de gozarse? Se ha quejado y lamentado cuando no tendría que haber dicho nada. Hoy le propongo establecer una verdad que le será revelada por el Espíritu a su corazón: «La fe y la paciencia son dos fuerzas conquistadoras poderosas que entran en acción cuando viene la resistencia. En vez de llorar debemos gozarnos. Cuando otros se estén lamentando a su lado usted estará tranquilo, porque la fe y la paciencia están trabajando. Ambas le harán un favor. Porque la paciencia se desarrolla más, la experiencia se desarrolla más y la esperanza se desarrolla más y más. Esta esperanza no avergüenza, porque el amor de Dios ha sido derramado en nuestro corazón.

Capítulo 6

Hable fe

«Pero teniendo el mismo espíritu de fe,
conforme a lo que está escrito:
Creí, por lo cual hablé.
Nosotros también creemos, por lo cual también hablamos.”
(2 Corintios 4:13)

Cuando el duque de Wellington pasaba revista a sus tropas, dijo: «No sé qué efecto tendrán estos hombres sobre el enemigo, pero a mí me asustan». En algunas culturas y sociedades hay diversos grupos que se caracterizan por una actitud representativa más allá de su nacionalidad. Por ejemplo, los marinos, los militares. Ellos tienen una actitud de pertenencia y orgullo especial hacia la fuerza que representan. Asimismo, dice la Palabra que los que son de fe tienen una actitud manifiesta a través de su confesión y forma de hablar.

Confesar significa declarar, pero hay dos clases de confesión. La primera es la confesión de los pecados. Para recibir perdón es necesario confesar nuestros pecados delante del Dios. La segunda declaración es la confesión de la Palabra de Dios en nuestra boca.

No podemos decir que pertenecemos al grupo de los que poseen una actitud de fe cuando no hablamos fe. Jesús dijo: «De la abundancia del corazón habla la boca». Si su corazón está lleno de fe, su boca hablará fe. Jesús explicaba que cualquier cosa de la que esté lleno su corazón, se manifestará verbalmente a través de su boca. Si su corazón está lleno de frustración, su boca se expresará a través de esa frustración. Si su corazón está lleno de ira, su boca manifestará la ira que hay allí. Si su corazón está lleno de miedo y de duda, su boca hablará temor e inseguridad. Podemos conocer a las personas por lo que hablan y saber qué contiene su corazón por cómo se expresan.

La actitud de fe es: «Lo que creí, de eso hablé». Si su corazón está lleno de fe, su boca hablará fe. Nuestras palabras son expresiones de lo que tenemos en nuestro corazón. El corazón es una vasija de emociones y sentimientos, si está lleno de duda, sus palabras estarán cargadas de ese contenido, pero si está lleno de fe, sus palabras expresarán una fe explosiva.

Confesión creativa

Dios usa su Palabra como instrumento de creación. Él no hace nada si no lo habla primero. Él creó los cielos y la tierra, y cuando lo hizo, según el relato del Génesis, dijo lo siguiente: «Sea la luz, y fue la luz».

La Palabra tiene poder. Cuando Dios habla, sus dichos tienen poder para crear. Él llama a las cosas que no son como si fuesen. Esto significa que Dios habla a las cosas que todavía no fueron hechas en el mundo natural. El poder está en su Palabra, por eso la Biblia dice que «la palabra es como un martillo que quebranta la piedra» y «no volverá vacía», porque es «palabra viva y cortante como una espada de dos filos que parte, atraviesa y discierne los pensamientos». Pablo menciona en sus epístolas que la Palabra de Dios trabaja eficazmente en los creyentes.

Su Palabra está viva porque cuando Dios la habla, empieza a trabajar. Imagine este cuadro conmigo: Cuando Dios dice algo, sus palabras vivas comienzan a hacer la obra para la cual fueron enviadas. Esas palabras no retornan a Dios hasta terminar la obra que dijo que harían.

Todas las cosas que vemos son pasajeras, pero la Palabra de Dios es eterna, no cambia. Cuando Dios habla, lo hace sabiendo que no puede arrepentirse, porque no es hombre para mentir ni hijo de hombre para arrepentirse. Lo que él dice que se hará, ocurre, porque esa palabra tiene suficiente poder para quedar eternamente funcionando.

Esta tierra se mantiene en movimiento porque la Palabra de Dios es eterna, de lo contrario se hubiera destruido todo hace tiempo. Este mundo está en pie porque el Verbo es el Verbo y la Palabra tiene poder para sostener todas las cosas.

«Sed, pues, imitadores de Dios como hijos amados» (Efesios 5:1). Debemos imitar a Dios y hablar como él habla. Todos conocemos a personas que identificamos rápidamente a qué familia pertenecen por la manera de hablar, igual que sus padres. Los hijos de Dios deben ser conocidos porque imitan a su Padre. Si él habla y llama a las cosas que no son como si fuesen, nosotros también tenemos que hacerlo. Tenemos que imitarlo no solo en el amor, sino en todas las demás cosas.

Contacto entre lo espiritual y lo físico

Es importante hablar fe a través de nuestra boca, porque de esa manera se establece la Palabra de Dios sobre la tierra. Somos el contacto físico de Dios con este mundo. Cuando el Señor dice: «Ve y pon las manos sobre los enfermos y en mi nombre sanarán», y usted obedece, Dios se manifiesta en esa vida a través de su mano. Como Dios es espíritu se manifiesta en este mundo natural a través de sus hijos. Cuando él quiere hablar, toma la boca de algún siervo y habla. Cuando Dios quiere tocar a alguien, toma la mano de algunos de sus hijos y toca a esa persona. Personalmente he recibido abrazos de personas que me saludan, y sentí que eran los brazos de Dios los que me rodeaban. Hace unos meses, al finalizar el servicio del domingo una persona me dijo: «Dios me mandó a darte este abrazo». Somos el contacto físico en este mundo por el cual Dios se manifiesta.

La Palabra dice que somos colaboradores de Dios, que estamos asociados con él. En su sabiduría y poder podría haber dicho: «No los necesito», si embargo dijo: «Voy a usarlos como instrumento». Él quiere trabajar en asociación con su iglesia. Por esa razón declara: «Pídeme y te daré». Él puede darle sin que usted le pida, pero él se goza cuando le piden. El Espíritu Santo nos honra cuando dice: «Estás trabajando conmigo. Pídeme y te daré. Camina, te voy a usar. Abre tu boca y hablaré a través de ti».

En una ocasión estaba en mi casa en la ciudad de Orlando, y el Señor me dijo: «Levántate, cuando salgas de la urbanización, a la mano izquierda, verás una casa. Golpea la puerta y dale esos 75 dólares que tienes en tu billetera a la persona que abra la puerta». Ese era el único dinero que me quedaba para lo que faltaba del mes, no tenía nada más.

—Señor, pero son las 10 de la mañana, y es lunes. No debe haber nadie allí, todos deben estar trabajando, —exclamé con firmeza.

—Ve, te estoy mandando, —insistió el Señor

—Señor, realmente esto es lo último que me queda, —reclamé nuevamente.

—Yo te voy a dar lo que necesitas, pero tú ve y obedece— me respondió.

Tuve que obedecer. Iba temblando porque no sabía con quién me encontraría del otro lado de la puerta. Pero cuando golpeé salió un hombre grandote y pesado que me preguntó: «¿Qué necesita?» Entonces le conté lo que me había ocurrido con el Señor: «No pregunte cómo, cuándo ni por qué. Pero yo tenía este dinero y Jesús me dijo que se lo traiga». Se lo entregué, di media vuelta y me fui. Una semana después pasé por el lugar y vi a este hombre que estaba en el patio de su casa, él me llamó: «Deténgase, deténgase allí». Y me comentó: «Yo soy cristiano, y cuando usted vino a mi casa mi esposa estaba en el hospital. Ya había gastado todo el dinero que tenía, inclusive había gastado el dinero de sueldos adelantados de mi trabajo. No tenía nada más. Ese lunes estaba orando en mi casa, porque no había ni leche en la nevera. Y dije: "¡Señor, ¿quién me va a ayudar?!" Cuando dije eso, usted tocó la puerta».

Dios quiere utilizarlo como un colaborador del Espíritu Santo al usar su boca y sus palabras. Él no quiere que usted siga hablando negativamente sino que hable lo que él quiere hablar para establecer su Palabra en la tierra, en la situación por la que atraviesa, en su hogar, entre sus hijos, su esposa o esposo. Cuando Dios establece su Palabra todas las cosas cambian. El destino de las personas es transformado cuando se encuentra con el poder de la Palabra de Dios.

¿Cuántas personas están sufriendo, padeciendo, sin esperanza de encontrar una solución? Dios quiere usar su boca para establecer su Palabra en la vida de esa persona.

Declaración pública

La palabra «confesar» en griego es «homologéo». Y la misma tiene la siguiente connotación: «Responsable declaración pública». En una responsable declaración pública se establece un vínculo legal mediante un contrato. En otras palabras, hay dos partes asociadas: Dios y usted.

Cuando usted toma la Palabra y la declara públicamente a través de su boca entra en cumplimiento un contrato legal. Satanás no puede decirle: «No hables eso; no digas aquello». Porque la Palabra ya fue dada, las promesas ya fueron entregadas. Estamos bajo un mejor pacto, sobre mejores promesas.

Dios quiere reestablecer su Palabra en medio de sus circunstancias. Él lo utilizará a usted para realizar las promesas que ya están establecidas y afirmadas en el mundo espiritual para hacerlas realidad en el mundo natural.

El Señor está sentado en su trono esperando que usted empiece a hacer su parte, porque él ya hizo la suya. Nos corresponde a nosotros hacer nuestra parte.

Tenemos una labor como iglesia, no podemos permanecer callados. No podemos imitar al mundo hablando lo que el mundo habla. Ellos deben imitarnos a nosotros.

Cuando la Palabra empieza a correr en la tierra no hay manera de detenerla. Por eso el enemigo quiere cerrar su boca, para que no declare la Palabra, ni hable en fe.

Si hablamos la Palabra de Dios, que ya está firmada en los cielos y por lo tanto no hay quien la cambie, el mundo espiritual comienza a trabajar. Cuando hablo la Palabra por mi boca, el enemigo, el infierno y los demonios tienen que moverse e irse. Porque la Palabra de Dios tiene poder para cambiar toda circunstancia.

Apóstol y Sumo Sacerdote

«Por tanto, hermanos santos, participantes del llamamiento celestial, considerad al apóstol y sumo sacerdote de nuestra profesión, Cristo Jesús» (Hebreos 3:1).

La palabra «profesar» en griego también es «homologéo» y significa «confesión o declaración». El texto citado dice: «Considerad al apóstol y sumo sacerdote de nuestra confesión, de nuestra declaración».

Apóstol es aquel que fue enviado por Dios y representa la relación de Dios con los hombres.

El sumo Sacerdote tiene que ver con la relación de los hombres hacia Dios. Antes había Apóstoles y sumo sacerdotes, mas ahora Cristo es Apóstol y Sumo Sacerdote para nuestra vida.

Él es Sumo Sacerdote de su confesión, de su declaración. Cuando usted confiesa la Palabra, Jesús como Sumo Sacerdote dice ante el Padre: «Edwin estableció tu Palabra. Y como Sumo Sacerdote te recuerdo las promesas que le diste a tus hijos como herederos. Edwin es tu heredero, y como Sumo Sacerdote te pido que quede establecida tu Palabra en la tierra también».

El Apóstol viene de parte de Dios ante los hombres. Es quien vela sobre la confesión que he hecho y ha sido afirmada en los cielos. Jesús está esperando que hable su Palabra, porque es el Sumo Sacerdote y el Apóstol de su confesión. Cuando usted habla la Palabra, el Señor como Apóstol de su confesión lo certifica en la tierra.

Cuando el diablo quiera venir a reclamar, el Señor lo enmudecerá al decir: «Yo Soy el Sumo Sacerdote de su confesión que fue establecida y certificada en los cielos. Y como Apóstol en su confesión, la establecí en la tierra. Porque la Palabra no vuelve vacía».

Cambio de actitud

Cuando empiece a llamar las cosas que no son como si fuesen, a hablar como Dios habla y a usar la actitud de fe que usan los creyentes que hablan por fe, entonces la fe tiene que hablar por ella misma. Usted no puede seguir hablando de sus problemas, adorándolos y alabándolos. El Señor le está diciendo que establezca la Palabra en su casa, en sus finanzas y en su cuerpo.

Haga un ejercicio de memoria y piense todo lo que habló esta semana. Porque eso es lo que quiere recibir. Hay personas que proclaman: «Quisiera morir», y después lo desmienten diciendo: «Yo no quise decir eso». Pues entonces no lo diga, porque no debemos hablar maldición.

Algunos dicen: «Quisiera desaparecer de esta tierra». Jamás diga eso, porque los hijos de Dios no retrocedemos ni huimos sino que cambiamos las cosas hablando, estableciendo la Palabra de Dios. Es necesario empezar a hablar lo que dice la Palabra, es lo único que cambiará nuestras circunstancias.

El Señor utilizó la Palabra para hablarle al viento, a los muertos, a todas las cosas inanimadas. El Señor sanó a ciegos y leprosos declarando la Palabra. En ningún momento se escuchó que Jesús hablaba palabras de frustración, sino de fe.

Muchas veces la gente suele expresar: «Quisiera sentir más a menudo la presencia del Espíritu Santo caminando conmigo. A veces la siento, pero después ya no puedo tener esa comunión con él».

La Palabra dice que para caminar con alguien deben estar de acuerdo: «¿Andarán dos juntos, si no estuvieren de acuerdo?» (Amós 3:3). Busque a alguien que no esté de acuerdo con usted, que constantemente lo esté contradiciendo, y pregúntele si quiere ser su amigo. ¡Es imposible! Si alguien lo contradice constantemente, lo lógico es que no quiera caminar con esa persona.

Podemos pedirle a Dios: «Señor, quiero que estés de acuerdo conmigo para que caminemos juntos». Pero el Señor dirá: «Yo no voy a bajar a tu nivel. Si quieres caminar conmigo debes ir en la dirección que yo voy». Entonces nos cuestionamos: «Las cosas me van mal, no hay solución, no hay esperanza». Mientras el Señor aclara: «No estoy de acuerdo contigo. Hay esperanza porque yo soy la esperanza viva, porque yo soy el poder que cambia todas las cosas». Usted necesita ponerse de acuerdo con Dios. El Señor no estará de acuerdo con usted si sus palabras no reflejan la verdad de Dios. Pero Dios estará de acuerdo con usted cuando crea que el gozo del Señor es su fortaleza.

> *«Otra vez os digo, que si dos de vosotros se pusieren de acuerdo en la tierra acerca de cualquier cosa que pidieran, le será hecho por mi padre que está en los cielos»* (Mateo 18:19).

La Palabra establece que su fe unida a la de otro se multiplica en vez de sumar. Uno vencerá a mil, pero dos vencerán a diez mil. Con la fe de uno la Palabra queda establecida. Pero,

¿qué puede suceder cuando dos personas que tienen la misma fe se unen en oración? En lugar de llorar y hablar con otras personas acerca de sus problemas, dígale: «Dame tu carga, hermano, pongámonos de acuerdo en cuanto a los problemas que estamos pasando». Si ambos se ponen de acuerdo respecto a la Palabra que dice: «*Mi Dios, pues, suplirá todo cuanto os falte, conforme a sus riquezas en gloria en Cristo Jesús*» (Filipenses 4:19), la respuesta que fue establecida en los cielos se establecerá en la tierra.

La Palabra también declara que usted comerá del fruto de su boca. Lo que usted habla, eso comerá. En definitiva, la muerte y la vida están en el poder de su lengua y usted comerá de eso. Puede hablar bendición sobre su vida, como así también maldición. Los psicólogos se han dado cuenta de esto y por ello aconsejan hablar a los hijos dándoles ánimo en lugar de deprimirlos. Si usted le habla a su hijo positivamente, le está hablando en fe.

No callar la fe

«*Creí, por tanto hablé*» (Salmo 116:10). Hable conforme a como Dios habla, aunque no sea lo que está en su corazón. Así lo hizo mi padre en mi época de juventud. Me esforzaba por ser la oveja negra de la familia, sin embargo mi padre nunca me habló desestimándome. Cada vez que yo salía, en vez de decirme: «¡Cuídate de juntarte con malas amistades que pueden dañarte!», me decía: «Cuida tus vestiduras porque eres un predicador de la Palabra». Él estaba llamando las cosas que no eran como si fuesen.

El Padre celestial habla de esa manera cuando quiere decir algo. Él no llama las cosas que son como son, sino las cosas que no son como si fuesen. Si usted empieza a hablar de esta manera y establece la Palabra de Dios para su vida experimentará una revolución que lo cambiará totalmente, y los problemas cesarán. La Palabra quedará establecida en su casa hasta la cuarta generación.

> *«Respondiendo Jesús, les dijo: Tened fe en Dios. Porque de cierto os digo que cualquiera que dijere a este monte: Quítate y échate en el mar, y no dudare en su corazón, sino creyere que será hecho lo que dice, lo que diga le será hecho»* (Marcos 11:22-23).

Si algo que está viviendo hoy no es lo que usted quiere vivir, es porque está diciendo mal lo que usted quiere pedir. Dios habló la solución a sus problemas antes de la fundación del mundo. Él lo miró con sus problemas, vio su deficiencia, y estableció su Palabra en los cielos para que tuviera una solución cuando llegara el problema. Ahora, lo que usted debe hacer es tomar esa palabra. No necesita hablar sobre el problema sino llamar las cosas que no son como si fueran. Si la situación en su casa es que su esposa, esposo o sus hijos no quieren servir al Señor, tome la Palabra que dice: «*Cree en el Señor Jesucristo, y serás salvo tú y tu casa*», y establézcala.

La fe tiene deseos de hablar. ¿Ha dejado hablar a su fe? Quizá se pregunte: «Si digo que estoy sano y después me muero, ¿qué va a decir la gente?» ¡Qué le importa! Después que esté muerto que digan todo lo que quieran. No dude de la Palabra de Dios, de lo que Dios ha dicho, de sus promesas. Pero dude de lo que el hombre dice.

Cuando vengan temores a su vida, en vez de decir: «Uy, tengo miedo». Confiese: «El Señor está conmigo, parado como un poderoso gigante. Él es más grande que el que viene contra mí». En una ocasión, hace varios años, estaba en una campaña evangelística, y mientras oraba el enemigo se me presentó. No lo vi con mis ojos físicos, pero lo vi en el espíritu. Traía una silla de ruedas y empezó a reír. Me apuntaba a mí con el dedo y señalaba a la silla, como diciéndome: «Aquí terminarás tú». En ese momento empecé a temblar en la carne. Pero de repente dije: «¿Qué dice la Palabra de Dios?» Y la Palabra empezó a correr en mi mente. Antes tenía ganas de decir: «¡Ay Dios mío, líbrame, por favor!», y el Señor me hubiera dicho: «Yo no estoy de acuerdo contigo en esto. Tú tienes otra cosa que establecer, en vez de estar pidiéndome a mí debes hablar otra cosa». Pero el Señor puso esa palabra en mi corazón. «Ninguna arma forjada contra ti prosperará» (Isaías 54:17). Esto declara que ninguna de las armas del enemigo funcionará contra usted. Pueden inventar todas las quc quieran durante el resto de mi vida sobre la tierra, pero ninguna de ellas funcionará contra mi vida. Cuando recibí esa palabra me puse de pie y dije: «Mira Satanás, la Palabra dice de esta manera: "Ninguna arma forjada contra mí, prosperará"». Además declaré que condenaré toda lengua que se levante contra mí, porque esa es la herencia de los hijos de Dios. Cuando dije esas palabras, una bola de fuego cayó del cielo sobre el enemigo quemando su camisa y su espalda. Entonces salió corriendo y a la distancia me gritó: «Volveré». Y yo le advertí: «Tengo otra dosis de lo mismo para cuando vuelvas».

Jesús venció a Satanás con la Palabra: «Escrito está». Cuando estuvo en lucha con el infierno, estableció la Palabra. No podemos hacer callar nuestra fe. No podemos encerrarla, tenemos que expresarla, debemos hablar lo que creemos. No importa si le dicen loco o fanático. Confiese la Palabra y establézcala en su casa, en su cuerpo y en sus finanzas.

El Sumo Sacerdote y Apóstol de su confesión dirá: «Está certificado. Esto es un contrato legal confirmado y certificado en los cielos y en la tierra».

Capítulo 7

Fe que produce milagros

«Es, pues, la fe la certeza de lo que se espera,
la convicción de lo que no se ve»
(Hebreos 11:1).

Un milagro es un acto sobrenatural de Dios que rompe el orden de lo común y corriente, es una manifestación del ambiente del reino de Dios para los seres humanos.

Hay momentos en que personas han preguntado: «¿Qué tengo que hacer para que ocurra un milagro en mi vida?» Hace un tiempo atrás me preguntaba que había ocurrido cuando recibí un milagro, cómo se había desatado ese ambiente de milagros, y no lo sabía o no entendía cómo había pasado. Tal vez el milagro había ocurrido accidentalmente. Sin embargo, no sabía cómo hacer para que ese ambiente de milagros no fuera accidental sino provocado por mi anhelo de que su poder se manifieste.

Dios ha puesto a nuestra disposición el poder que opera milagros. Él no desea irrumpir en nuestra vida por accidente sino quiere que usted viva constantemente en un ambiente de milagros. Él desea que usted sepa cómo opera el reino y el poder de Dios, de tal manera que en cualquier situación que invoque la gracia de Dios ocurra un milagro.

Cuando usted comienza a caminar en un ambiente de milagros ya nada lo sorprende, es un estilo de vida porque sabe que nada es imposible para Dios.

Tenemos que aprender que Dios es la fuente que produce milagros. Lo que mueve la mano de Dios es la fe.

Antes de tener fe debo tener esperanza, porque sin esperanza no puedo tener fe. Si no tiene esperanza en la circunstancia por la que atraviesa entonces tiene que ir a la fuente de la esperanza, que es la Palabra de Dios, porque ella dice que los que creen tienen una esperanza.

Si usted va al médico y le dice que tiene tan solo un día de vida, seguramente saldría perturbado, sin esperanza, sin visión para seguir adelante. Pero la Palabra dice que tenemos una esperanza viva, y que Abraham peleó esperanza contra esperanza. La esperanza natural tiene un límite, porque los hombres tienen un límite en su conocimiento, pero la esperanza de Dios es ilimitada. Cada vez que voy a usar la esperanza de Dios tengo que pelear contra la esperanza humana, porque ella me dice que no hay esperanza. Pero la esperanza divina dice que sí hay, porque para Dios todo es posible.

Si Dios todo lo puede, y no hay nada difícil para él, todas las cosas son posibles. Los predicadores hemos repetido tanto esta verdad que a veces se asienta en el pensamiento y no le damos la importancia que tiene. Pero usted debe saber firmemente que todo es posible para Dios.

La sustancia de la esperanza

Primero tengo esperanza luego tengo fe. La Palabra convierte mi esperanza en fe. Si usted está enfermo y declara que algún día se va a sanar, Dios hará un milagro. Eso es esperanza. Pero la fe entra como un elemento de sustancia para la esperanza.

Seguramente alguna vez preparó gelatina. En su etapa inicial puede tomar con la mano la mezcla del polvo con el agua y se le deslizará entre sus dedos, pero cuando la pone en el refrigerador se enfría, y minutos después la gelatina está consistente, ya no se escapa entre los dedos.

La fe convierte lo que no es sustancia en una sustancia tangible. La fe le da sustancia a la esperanza. La fe convierte aquello que espero en algo tangible. Puedo tenerlo en mi mano, tomarlo, y saber que es real aunque todavía no se haya manifestado en el mundo natural. La fe y la esperanza son dos puntos importantes dentro de lo que Dios quiere hacer en su vida. Es necesario tener esperanza para tener fe.

La fe le dará dirección a la esperanza, le dará sustancia. Mi esperanza me dice: «Dios hará algo». La fe dice: «Ya Dios hizo algo». La esperanza dice: «Algún día seré bendecido». La fe dice: «Hoy estoy bendecido». La esperanza dice: «Algún día recibiré sanidad». La fe dice: «Ya tengo sanidad».

Características de la fe de milagros

Usted puede tener fe en el gobierno, en su esposo o esposa, en las personas que lo rodean, pero la verdadera fe debe estar puesta en el Señor. Hay una fe específica con una característica especial que produce milagros. Cada vez que escucha el testimonio de alguien que recibió un milagro puede hallar fe en esa persona y verá que tiene las mismas características que el milagro que recibió.

Le propongo que deje de recibir milagros por accidente y comience a buscarlos. Opere esa fe que produce milagros a través del ambiente del reino en su vida, aun mientras está en su trabajo, en su escuela, en su hogar. Allí se puede manifestar ese poder y ambiente de milagros. Usted debe saber operarlo, no dependa de una segunda y tercera persona, sino que apóyese en el Señor y en el poder de su gracia. De tal manera que aun los que se acercan a usted puedan recibir de ese ambiente de milagros, la gente que toque su vida reciba un milagro. Cuando usted aprende a caminar en ese ambiente los milagros ocurren como algo natural.

Dios desea usarlo para manifestar su gloria y su presencia dondequiera que usted vaya como un representante de su reino y diga: «Soy ciudadano del reino de los cielos, y aquí está la presencia del rey que reina sobre mí».

Fe que adora

> *«Y vino uno de los principales de la sinagoga, llamado Jairo; y luego que le vio, se postró a sus pies, y le rogaba mucho, diciendo: Mi hija está agonizando; ven y pon las manos sobre ella para que sea salva, y vivirá»* (Marcos 5:22-23).

La primera característica de una fe que produce milagros es una fe que adora, que se postra, se humilla para honrar, reverenciar, venerar. Lo primero que tiene que hacer la fe antes de pedir, es llevarlo a adorar.

Esta característica de la fe podemos verla aplicada en esta historia de la Biblia. Un principal de la sinagoga fue ante Jesús, se postró y le rogó por su hija que estaba muriendo.

Si quiere recibir un milagro tiene que adorar, porque al hacerlo la presencia del Señor se manifiesta. Cuando se adora al Señor en Espíritu y en verdad, Dios instala su tabernáculo en medio de las alabanzas. La adoración con fe atrae la presencia de Dios. Si no tengo fe para adorarle, no lo atraeré. Voy a adorarlo, me voy a arrodillar y a reconocer que él es Dios y que tiene todo poder. No hay otro nombre como su nombre, que es nombre sobre todo nombre, sobre el cáncer, el sida o cualquiera sea el nombre de la situación que enfrenta.

> *«Por la fe Abel ofreció a Dios más excelente sacrificio que Caín, por lo cual alcanzó testimonio de que era justo, dando Dios testimonio de sus ofrendas; y muerto, aún habla por ella»* (HEBREOS 11:4).

Nuestra ofrenda es parte de la adoración a Dios. Abel presentó una ofrenda a Dios, pero su ofrenda le agradó más que la de Caín. La única razón por la cual una ofrenda le agradó más que la otra fue porque tenía un ingrediente agregado que se llama fe. Si al dar una ofrenda tiro mi dinero en el plato o la bolsa de la ofrenda, la actitud de mi corazón no es una actitud de fe, entonces esa ofrenda no va a agradar a Dios. Mejor tomo mi dinero y lo guardo en el bolsillo nuevamente. La ofrenda que agrada a Dios es la que va envuelta en fe. Cuando el principal de la sinagoga se tiró a los pies de Jesús, lo adoró y le dijo: «Quiero que vayas conmigo a casa porque mi hija está agonizando, y sé que tienes poder para levantarla. Reconozco que tienes poder y que para ti no hay nada imposible. El único que puede hacerlo eres tú, reconozco que de ti emana la fuente de poder, yo te adoro porque tienes todo poder».

Cuando usted adora al Señor tiene que reconocer que él es la fuente de todo poder, tiene que tener fe, fe que adora, esa es la fe que agrada a Dios.

> *«Entrad por sus puertas con acción de gracias, por sus atrios con alabanza; alabadle, bendecid su nombre»* (Salmo 100:4).

La manera de entrar a su presencia es a través de la adoración, no hay otra forma, pero si lo hago tengo que entrar con fe. Nadie puede acercarse a él si no lo puede agradar. Al mismo tiempo, el que se le acerca tiene que creer que hay un Dios, tiene que tener fe, tiene que creer que ese Dios al que se está acercando da buenos regalos y es galardonador de los que le buscan. Debe creen que los que le buscan reciben cosas buenas, reciben el ambiente y el poder del reino, reciben milagros, porque esa es la bendición de Dios para sus hijos.

Quienes recibieron grandes milagros de Dios han comenzado su fe adorando, rindiéndose, creyendo a través de su adoración que Dios es Dios y fuera de él no hay otro, reconociendo su poder y su autoridad.

El ambiente de milagros está en su presencia, y si me acerco a esa área entonces recibo los milagros. Si quiero recibir un milagro y caminar entre ellos, tengo que agradarlo y acercarme a él a través de la adoración envuelta en la fe.

Fe que no teme

La segunda característica de la fe que produce milagros es que no teme, y está declarado en el siguiente relato:

> *«Mientras él aún hablaba, vinieron de casa del principal de la sinagoga, diciendo: Tu hija ha muerto; ¿para qué molestas más al Maestro? Pero Jesús, luego que oyó lo que se decía, dijo al principal de la sinagoga: No temas, cree solamente»* (MARCOS 5:35-36).

La fe que no teme tiene su mirada puesta en lo sobrenatural, no mira lo natural, lo que sucede a su alrededor. Lo único que neutraliza o quita el temor de su vida es poner su mirada en el amor de Dios, en su gracia y poder. Cuando se vea atrapado por las circunstancias, si tiene la mirada puesta en Dios no temerá.

Mientras Jairo, el principal de la sinagoga, estaba frente a Jesús, vinieron a avisarle que su hija enferma había muerto. Al escuchar esto, Jesús miró al padre desesperado por la triste noticia y le dijo que no temiera, que simplemente creyera.

El temor produce esclavitud, y el Señor vino para darnos libertad. La Palabra dice «si el Hijo os libertare, seréis verdaderamente libres». Hay personas que vivieron conducidas por el temor, esclavizadas por el miedo. Algunos sufren de fobias y no salen de su casa por temor a un accidente. Otros nunca han viajado a otro país porque tienen miedo a viajar en avión. Las fobias lo limitan, y cuando algo lo limita, lo ha esclavizado.

> *«El temor del hombre pondrá lazo; mas el que confía en Jehová será exaltado»* (PROVERBIOS 29:25).

El temor coloca una cadena a su alrededor, pero dice la Palabra que Jesús vino a librar a todos los que por el temor a la muerte viven esclavos durante toda la vida (Hebreos 2:15).

Algunas personas le temen a la muerte y viven esclavizadas, por esa razón cuando el Señor llega lo primero que hace es quitar el temor a la muerte. Para algunos la muerte es un misterio, para otros es una tragedia, pero para el cristiano la muerte es entrar a otra dimensión, es pasar a la eternidad.

Si usted tiene temor a la muerte quizás necesita fe en lo que ya el Señor ha hecho por usted. La salvación nos da la seguridad de que el día que cerremos los ojos, nuestro cuerpo quedará en esta tierra, pero el espíritu será llevado a la presencia del Señor, dónde habitaremos por la eternidad.

Si hay fe no hay temor, porque el perfecto amor echa afuera el temor. El perfecto amor es el de Dios y nada podrá separarnos de él, ni persecución, ni tribulación, ni ángeles, ni nada de lo creado. Él me ama, y aunque mi padre y mi madre me dejaren, él nunca me abandonará.

En un ambiente de milagros no puede existir el temor. El miedo abre las puertas del reino de las tinieblas, pero la fe mueve la mano de Dios.

> *«Jehová es mi luz y mi salvación; ¿de quién temeré? Jehová es la fortaleza de mi vida; ¿de quién he de atemorizarme? Cuando se juntaron contra mí los malignos, mis angustiadores y mis enemigos, para comer mis carnes, ellos tropezaron y cayeron. Aunque un ejército acampe contra mí, no temerá mi corazón; aunque contra mí se levante guerra, yo estaré confiado»* (Salmo 27:1-3).

Este salmo declara que aunque contra usted se levante guerra y un ejército completo lo ataque, no temerá. Estar confiado es lo importante. No voy a mirar al ejército, al hombre ni a las circunstancias, solo debo mirar a Dios, que controla todas las cosas. Si viniera contra usted un ejército, con decenas de aviones y bombarderos llenos de terroristas, no debe temer. No hay nada que el enemigo pueda hacer contra su vida que Dios no lo pueda detener.

Hay personas que se horrorizan cuando escuchan que la economía del país no está muy bien, que epidemias cubrirán la nación, que se desatarán ataques terroristas. Pero si usted tiene la fe que ha echado fuera el temor está confiado, y aunque apunten y disparen, la bala nunca dará contra usted. Créale a Dios.

Aunque se levanten mil contra usted no podrán detenerlo, porque son más los que están con usted que los que vienen contra usted. Es más grande el que está con usted, que el que viene contra usted.

> *«Una cosa he demandado a Jehová, ésta buscaré; que esté yo en la casa de Jehová todos los días de mi vida, para contemplar la hermosura de Jehová, y para inquirir en su templo»* (SALMO 27:4).

El salmista declaraba que no estaba concentrado en la guerra ni en los problemas, sino en Dios.

> *«Porque él me esconderá en su tabernáculo en el día del mal; me ocultará en lo reservado de su morada; sobre una roca me pondrá en alto« (v.5).*

Cuando el mal intente llegar a su vida, dice la Palabra que Dios lo esconderá en un lugar que nadie puede entrar, en lo reservado de su morada, y lo pondrá sobre una roca para permanecer seguro. Nadie puede mover el fundamento que está debajo de sus pies.

Y luego dice: «*Luego levantará mi cabeza sobre mis enemigos que me rodean, y yo sacrificaré en su tabernáculo sacrificios de júbilo; cantaré y entonaré alabanzas a Jehová*» (v.6).

La fe que recibe milagros es la fe que ha podido disipar el miedo. Si usted tiene miedo, no tiene fe. Si no tiene miedo es que confía en Dios y está anclado en su amor, en su poder, y no mira las circunstancias políticas del país ni tampoco las circunstancias físicas de su cuerpo.

Fe que confiesa

«Y entrando, les dijo: ¿Por qué alborotáis y lloráis? La niña no está muerta, sino duerme» (Marcos 5:39).

La tercera característica de la fe que produce milagros es que confiesa el resultado.

Como mencioné anteriormente cuando usted confiesa el resultado se eleva a un nivel superior para recibir el milagro de Dios. Usted solamente puede caminar con Dios si está de acuerdo con él.

La Palabra dice: «¿Caminarán dos juntos si no estuvieran de acuerdo?» La respuesta es «no», no se puede caminar con alguien con quien no se está de acuerdo. Dios nunca estará de acuerdo con su incredulidad, con su duda. Dios está de acuerdo con los que creen a su Palabra. Él llama a las cosas que no son como si fuesen, así que Jesús no dijo que dejaran a la niña quieta, que estaba muerta, Jesús dijo: «¿Por qué están llorando y alborotando? La niña está durmiendo». Hay que confesar el resultado.

Si continúa proclamando que está en problemas, siempre lo estará, pero la característica de la fe que produce milagros es que habla el resultado. Si no quiere estar donde hoy está, comience a hablar acerca de dónde quiere estar y la Palabra de Dios se certificará sobre su vida.

Jesús es el Sumo Sacerdote de nuestra confesión. Cuando hablo lo que él habla, él certifica en los cielos la confesión que sale de mis labios. La Palabra se establece en medio de mis circunstancias. Todo comienza a cambiar cuando confieso la Palabra de Dios. No debo confesar lo que hoy mis ojos ven, eso sería hablar el problema, no puedo seguir hablando mi debilidad, tengo que empezar a hablar la victoria, la bendición, la sanidad. Algunos le dirán que está loco, pero déjelos que hablen, porque usted sabe que está hablando en fe. Cuando confiesa la Palabra de Dios esa fe atrae milagros, porque el ambiente espiritual es cambiado de duda en fe.

Para desatar la fe a través de la confesión debe declarar la Palabra, profetizarla. Hay que callar las voces de los que están lamentándose y empezar a hablar lo que Dios está hablando.

Fe que se aísla

«Y se burlaban de él. Mas él, echando fuera a todos, tomó al padre y a la madre de la niña, y a los que estaban con él, y entró donde estaba la niña» (Marcos 5:40).

La cuarta característica de la fe que produce milagros es que se aísla. Aislarse significa «separarse». Cuando tiene fe muchas veces debe aislar su corazón, porque hay gente negativa que vive en un ambiente de incredulidad, y estar cerca de ellos es contagioso. El hablar negativo de los incrédulos puede contagiar.

Cuando Jesús fue a ver a la niña llevó a tres discípulos con él, tomó al padre y a la madre y entró a la habitación. Cuando Jesús llegó a esa casa vio a mucha gente incrédula que se burlaba de la fe de los que creían que él podía hacer un milagro. Entonces los sacó fuera del ambiente donde estaba la niña, y se quedó con los que creían.

Es preferible caminar solo que mal acompañado, caminar con uno o dos que estén de acuerdo a la fe que Dios le ha dado, que caminar con muchos incrédulos.

He visto personas que empezaron muy bien en la fe, y de repente grupos de incrédulos las desanimaron. No permita que lo arrastren hacia la incredulidad y que detengan el fluir del poder del Espíritu Santo sobre su vida.

Jesús quería sanar a la niña, y sabía que lo único que podía impedirlo era la incredulidad de las personas que estaban allí. Para recibir el milagro de Dios tengo que crear un ambiente de milagros y de fe. Si alguno de los que me acompañan duda en su corazón está frenando lo que el Espíritu Santo quiere hacer.

Lo desafío a que tome una postura en su fe, camine con aquellos que crean para cosas grandes. Únase con los que no tienen duda, con los que tienen fe.

La incredulidad es la apatía de creerle a Dios. En 2 Corintios hay un texto que habla claramente del tema: «*No os unáis en yugo desigual con los incrédulos; porque ¿qué compañerismo tiene la justicia con la injusticia? ¿Y qué comunión la luz con las tinieblas?*» (6:14).

Algunos piensan que unirnos a yugo desigual es solamente un tema relacionado con el matrimonio, sin embargo, también se refiere a una amistad o a una sociedad laboral. Mire con quién camina y con quién se vincula, no sea que los incrédulos apaguen la fe que hay en usted y le impidan entrar a lo que Dios le ha prometido.

Fe que se desata

«*Y tomando la mano de la niña, le dijo: Talita cumi; que traducido es: Niña, a ti te digo, levántate*» (Marcos 5:41).

La última característica de una fe que produce milagros es que se puede desatar a través de las palabras y del obrar.

Jesús dijo que pondríamos las manos sobre los enfermos y sanarían. Él no dijo qué tipo de enfermedad se sanaría, sino que sus manos serían el canal que desata la fe que atrae milagros. No es su mano la que tiene el poder, no es el toque el que hará el milagro, es la fe que está en usted la que se desata cuando toca.

Tenemos suficiente fe como para movernos en un ambiente de milagros, pero no hemos utilizado el contacto para desatar nuestra fe. La sombra de Pedro sanaba a los enfermos, pero no era la sombra ni tampoco Pedro, era la fe que se desataba, porque él sabía que estaba tan lleno de fe que cualquiera que lo tocara o que se pusiera debajo de su sombra recibiría sanidad.

Cuando desata su fe sobre un enfermo, impone sus manos sobre él, lo unge con aceite y hace una oración de fe, será sano.

Si veo que mi hijo necesita un milagro, lo voy a tocar y desataré mi fe al hablar lo que dice la Palabra. Desataré la autoridad de Cristo sobre su vida y voy a declarar: «Hijo, eres propiedad de Cristo, le perteneces a él, nada malo puede tocarte ni desviarte. Yo desato la bendición sobre tu vida».

Habrá personas que cuando las toque recibirán un milagro, serán sanos de la cabeza a los pies en el nombre de Jesús. Ponga su mano sobre su bolso o billetera y desate prosperidad sobre su vida. Ponga la mano sobre su frente y desate salud sobre usted.

Si quiere caminar las 24 horas del día en un ambiente de milagros y que todo lo que toque desate su fe, ahí habrá milagros.

Luego de haber leído estas páginas usted será la respuesta de Dios para las personas que estén en necesidad. Usted les dirá: «Oraré por ti», no importa si está en el trabajo o en el supermercado. Así desatará su fe y un milagro ocurrirá.

Capítulo 8

Combinación explosiva

Un pobre muchacho alemán que deseaba ser recibido en una escuela morava escribió una carta dirigida al «Señor Jesús en el cielo», la cual dejó en el correo. La carta decía: «Mi Señor y Salvador Jesucristo: he perdido a mi padre. Somos muy pobres, pero yo sé que dices en tu palabra que lo que pidiéramos en tu nombre, lo recibiríamos. Creo lo que tú dices, Señor. Ruego pues, en el nombre de Jesús, que mi madre reciba los medios necesarios para enviarme a la escuela morava. ¡Me gustaría mucho seguir estudiando! Te amo mucho».

Al ver la dirección tan extraña, el administrador de correos abrió la carta. Tiempo después fue leída en una reunión de la Sociedad Morava y la baronesa de Leppe aceptó la responsabilidad de ser la protectora del muchacho, y lo envió a la escuela como él deseaba.

La oración en el nombre de Jesús produjo el milagro que el niño tanto anhelaba. Veamos dónde reside el poder que se desata cuando pronunciamos el nombre de Jesús.

> *"Pedro y Juan subían juntos al templo a la hora novena, la de la oración. Y era traído un hombre cojo de nacimiento, a quien ponían cada día a la puerta del templo que se llama la Hermosa, para que pidiese limosna de los que entraban en el templo. Este, cuando vio a Pedro y a Juan que iban a entrar en el templo, les rogaba que le diesen limosna. Pedro, con Juan, fijando en él los ojos, le dijo: Míranos. Entonces él les estuvo atento, esperando recibir de ellos algo. Mas Pedro dijo: No tengo plata ni oro, pero lo que tengo te doy; en el nombre de Jesucristo de Nazaret, levántate y anda. Y tomándole por la mano lo levantó; y al momento se le afirmaron los pies y tobillos; y saltando, se puso en pie y anduvo; y entró con ellos en el templo, andando, y saltando, y alabando a Dios. Y todo el pueblo le vio andar y alabar a Dios. Y le reconocían que era el que se sentaba a pedir limosna a la puerta del templo, la Hermosa; y se llenaron de asombro y espanto por lo que le había sucedido"* (Hechos 3:1-10).

El hecho que cuenta la Palabra, sucedió después que Jesús ascendió a los cielos. Antes de esto, él había instruido a sus discípulos para quedarse en Jerusalén hasta recibir la promesa del Espíritu Santo, y les dijo: «Pero recibiréis poder, cuando haya venido sobre vosotros el Espíritu Santo, y me seréis testigos».

Los apóstoles obedecieron al Señor y fueron llenos de poder y plenitud por el Espíritu Santo. Ellos fueron testigos del poder de Dios. Jesús predicó un evangelio que fue más allá de las palabras, predicó un evangelio de poder. Él sanó a los enfermos y libró a los cautivos por el diablo.

De esta manera, los apóstoles comenzaron a predicar el evangelio y a ver las maravillas de Dios. Algo tremendo sucedió cuando Pedro y Juan subieron juntos al templo. Cada vez que buscamos el rostro de Dios ascendemos un paso más en la escalera espiritual. Pero tenemos que hacer esfuerzos espirituales, porque estos nos hacen subir y nos elevan espiritualmente. Debemos correr a la casa de Dios y buscar su presencia, porque esto nos hace subir espiritualmente. También hay cosas que no deberíamos hacer porque nos hacen descender espiritualmente.

La riqueza no esperada

Pedro y Juan subieron al templo a la hora novena, la hora de la oración. Había tres tiempos determinados por el pueblo de Israel para la oración: A la mañana bien temprano (en conexión con el sacrificio de la mañana), a la hora novena (las 3 de la tarde, relacionado al sacrificio vespertino) y a la noche cuando se ponía el sol.

En este caso, Pedro y Juan iban hacia el templo a la hora novena y ven a un hombre paralítico que pedía limosnas en la puerta. Él no podía moverse por sus propios medios, sino que era cargado por otras personas hasta ese lugar. Este hombre tenía una limitación en sí mismo. Cuando usted no puede moverse y depende de otra persona para llegar a algún lugar, se encuentra limitado. ¿Cuántas veces se quedó sin su automóvil y tuvo que esperar que otra persona lo llevava? Usted estaba limitado, porque dependía del favor ajeno.

El paralítico también estaba limitado porque no podía caminar. Todo el pueblo lo conocía, y para poder ganar el sustento de su vida sus amigos le hacían el favor de cargarlo hasta la puerta del templo. Ellos sabían que la puerta del templo era el lugar más adecuado para recaudar una buena limosna. En la antigüedad se respetaba la tradición de recoger la ofrenda en el templo, porque el pueblo de Israel conocía bien la bendición de dar. Este pueblo había sido instruido en el dar y sabían dar buenas ofrendas. Por esta razón ponían al paralítico en la puerta del templo, para recaudar bastante dinero a través de la limosna. Aunque no solo dependía de otras personas para poder moverse, sino que también dependía de la voluntad de los asistentes del templo para poder sustentarse. Su limitación era doble.

Este hombre pedía limosna a todas las personas que entraban al templo. Pero cuando Pedro y Juan estaban por entrar, el paralítico les rogó que le dieran dinero. Los mendigos suelen ser muy persuasivos, saben cómo hacerlo.

Cierta vez estaba caminando cuando un hombre se acercó llorando, parecía tener un grave problema en su casa. Necesitaba dinero para operar de urgencia a su hijo. Ante esta situación, decidí darle el dinero que me pedía. Al continuar su camino, ese mismo hombre se acercó a otra persona que estaba más adelante en la calle. Lo curioso del caso fue que al acercarme al otro hombre que se había solidarizado con el mendigo, me asombré cuando me contó que le había pedido ayuda económica para ponerle combustible a su automóvil que se había quedado en el camino.

Hay diferentes maneras de pedir limosna, pero el hombre al que se refiere la Biblia era un experto en la materia. Pedro y Juan no tenían dinero. Para esa época, ir al templo sin dinero era sinónimo de escasez, pero estos siervos de Dios tan consagrados en verdad no tenían nada en sus bolsillos.

Mientras este hombre les rogaba imperiosamente ayuda, Pedro le dijo: «Míranos». Imagine esta situación: Usted está pidiendo ayuda y alguien le responde: «Míreme». Su primer pensamiento sería: «Oh, aquí viene el sustento de un año completo». Pero los apóstoles tenían algo mejor que el oro y la plata para el paralítico.

Pedro le declara: «No tengo plata ni oro, pero lo que tengo te doy. ¡En el nombre de Jesucristo te mando que te pongas en pie y que camines!» De inmediato Pedro le extendió la mano y este recibió algo que no tenía antes. Quizás la bolsa de la limosna estaba llena, pero él estaba vacío. Cuando Pedro le habló, él se llenó de aquello que le hacía falta. Luego de ello, el relato menciona que al momento el paralítico se puso de pié. La palabra en griego «al momento» significa «instantáneamente». Cuando Pedro lo tomó de la mano y lo levantó, instantáneamente se enderezaron sus tobillos y sus rodillas. Este hombre empezó a saltar. El poder de Dios lo sanó en un instante.

Riqueza incalculable

Si Pedro y Juan no tenían plata ni oro, ¿cuál era la riqueza que poseían? Una de las mayores riquezas que tenemos los cristianos es la autoridad en el nombre de Jesús. Pedro no le dijo: «Levántate en el nombre del Concilio al cual pertenezco». Tampoco le dijo: «En el nombre de los apóstoles te mando que te levantes». Pedro le ordenó: «En el nombre de Jesucristo de Nazaret, te mando que andes».

No hay otro nombre mayor que el nombre de Jesús. Este nombre nos ha sido dado como parte de las riquezas espirituales. Por eso, si usted tiene el nombre de Jesús, entonces es rico en el espíritu. Porque el Señor proclamó: «Toda potestad me es dada en el cielo y en la tierra». Esto significa que todo el poderío del mundo nos pertenece. Y luego manda: «Por tanto id». Esto es como tener un cheque en blanco firmado. En otras palabras nos dice: «Ve y usa este mismo poder que yo he recibido». Cuando usted mencione ese nombre, estará nombrando a la persona que está detrás de ese nombre, al que es Rey sobre los reyes, el que es Señor sobre los señores. Al que tiene poder sobre todas las cosas. ¡Ese nombre es poderoso! Aunque no tengamos nada en el bolsillo, si tenemos el nombre de Jesús lo tenemos todo.

La Palabra dice que ante el nombre de Jesús toda rodilla se doblará en el cielo, en la tierra y debajo de la tierra, y toda lengua confesará que Jesucristo es el Señor. Ese nombre es poderoso y nos fue heredado. Ese nombre fue ganado por Jesús tras vencer a Satanás en la cruz del Calvario. Por eso ese nombre tiene autoridad.

El poder de su Nombre

En esa oportunidad, Pedro le dijo al mendigo que se levante «en el nombre de Jesucristo de Nazaret». No mencionó solamente el nombre de Jesús, sino que mencionó el nombre y el título del sanador, y además agregó la procedencia para que nadie se equivocava.

Jesús significa Salvador, y esto tiene que ver con la liberación. Cuando el Señor lo salvó, en ese momento también lo liberó. Jesús es nuestro Salvador, nuestro Redentor, es nuestro Libertador. En otras palabras, Pedro le estaba diciendo al paralítico: «En el nombre del libertador declaro que puedes moverte. En el nombre del que salva te digo que puedes levantarte».

Pedro hizo lo mismo que Jesús al comenzar su ministerio. Jesús declaró: «El Espíritu Santo está sobre mí, por cuanto me ha ungido el Señor para dar buenas nuevas a los pobres, sanar a los quebrantados de corazón y dar vista a los ciegos». Y además agregó: «A libertar a los oprimidos por el diablo». El Señor vino a deshacer las obras de Satanás. Vino a libertar, vino a sacar a los presos de su prisión. Ese nombre es conocido por el diablo. Cuando ese nombre se menciona, funciona como llave para abrir las puertas de las prisiones. Jesús es el Libertador, es nuestro Salvador.

Pedro dijo «Jesucristo». Cristo es el título de Ungido. Esto hace referencia a la unción sobrenatural que estaba sobre él, esa unción que lo investía de todo el poder y la autoridad del cielo. La Palabra dice que la unción rompe el yugo. Así que Pedro y Juan le estaban diciendo al paralítico: «En el nombre del que libera y por la unción que rompe el yugo, te mando que te levantes». El aceite de la unción y del poder de Dios pudre el yugo. No hay manera que el enemigo mantenga ataduras externas o internas sobre su vida. Cuando la unción se derrama las ataduras se rompen y las limitaciones se van, porque este Nombre es sobre todo nombre y tiene poder.

A la iglesia se le otorgó este nombre. Por eso no podemos hacer obras de parte de Dios fuera de este nombre. No podemos desasociarnos del nombre de Jesús y pensar que Dios se moverá en medio de su pueblo. No podemos pensar que la presencia de Dios estará en el culto si ese nombre no está presente. La Palabra dice claramente que donde estén dos o tres congregados en su nombre, ahí estará él. La llave está en su nombre.

La gloria de Dios se manifiesta en la iglesia porque se reúne en el nombre de Jesús y no en el nombre de hombres, constituciones, asambleas o de otras cosas. Cuando la iglesia menciona el nombre de Jesús, la presencia de Dios se manifiesta de manera sobrenatural. Las murallas caen y las ataduras se rompen.

Algo similar ocurrió con Pablo y Silas cuando estuvieron en Filipos. Allí había una muchacha con espíritu de adivinación que caminaba detrás de ellos diciendo: «Estos son hijos de Dios que os anuncian el camino de salvación». Por muchos días los estuvo molestando, hasta que Pablo se cansó, y lo peor que le puede pasar al enemigo es que un cristiano se moleste. Entonces se dio vuelta y le replicó: «Te mando en el nombre de Jesucristo –hablándole al demonio– que la dejes libre». Al instante el demonio se fue y la muchacha quedó libre.

Luego, los patrones de la muchacha empezaron a quejarse porque se les había terminado la fuente de ganancia. Ellos usaban a la muchacha para adivinar y ganar dinero. Pero Pablo no usó antes el nombre de Jesús hasta que se sintió molesto. Porque si lo hubiera usado desde el primer momento la chica hubiese sido libre antes.

Tenemos el poder que emana del nombre de Jesús y es reconocido en el cielo, y cuando se pronuncia, los ángeles, arcángeles, querubines, serafines y ancianos se arrodillan. Cuando se declara ese nombre en la tierra los poderes de las tinieblas tienen que arrodillarse ante él, porque ese nombre es nombre sobre todo nombre. Esto significa que ese nombre está por encima del SIDA, del cáncer, por encima de todo nombre que limita a los hombres.

Fe en su nombre

También hubo otro elemento que entró en juego en la sanidad del paralítico. Pedro dijo: «Yo no tengo plata ni oro». Estos metales eran preciados para aquel entonces, y también lo son en la actualidad. Por ejemplo, el oro sirve de respaldado para los billetes de cada país. Pero Pedro tenía riquezas más abundantes que el oro y la plata. Él tenía el nombre de Jesús y la fe. Si usted tiene el nombre y no tiene fe, el nombre no puede operar. Si usted tiene el nombre y no tiene fe, entonces no tiene nada. Por eso Pedro le dijo: «No tengo oro ni plata». Porque reconocía que era rico en fe.

> *«Y por la fe en su nombre, a éste, que vosotros veis y conocéis, le ha confirmado su nombre; y la fe que es por él ha dado a éste esta completa sanidad en presencia de todos vosotros»* (HECHOS 3:16).

Jesús es la fuente de la fe, es el autor y consumador de la fe. Él es el que produce la fe y quien la perfecciona. Santiago también menciona que Dios ha elegido a los pobres de este mundo para que sean ricos en fe y herederos del reino que ha prometido a los que le aman.

> *«Para que sometida a prueba vuestra fe, mucho más preciosa que el oro, el cual aunque perecedero se prueba con fuego, sea hallada en alabanza, gloria y honra cuando sea manifestado Jesucristo»* (1 PEDRO 1:7).

La fe que usted tiene es más rica y más preciosa que el oro, porque el oro es un material perecedero, pero la fe no. Mas no podemos utilizar el nombre si no tenemos fe. En otras palabras, la explosión del nombre de Jesús se produce frente a la fe. Por esa razón, muchos en este tiempo utilizan el nombre de Jesús pero no ocurren las mismas cosas que sucedían antes, porque no hay fe que respalde el nombre.

Jesús habló a sus discípulos y les dijo: «Id por todo el mundo y predicad el evangelio a toda criatura. El que creyere y fuere bautizado, será salvo; más el que no creyere, será condenado. Y estas señales seguirán a los que creen: En mi nombre echarán fuera demonios; hablarán nuevas lenguas tomarán en las manos serpientes, y si bebieren cosa mortífera, no les hará daño; sobre los enfermos pondrán sus manos, y sanarán» (Marcos 16:15-18).

La llave es la fe, creer. Si usted cree, entonces las señales le seguirán. No dice que las señales seguirán solamente a reconocidos hombres de Dios que obran milagros hoy, sino a todos los que creen. Si usted cree pero no lo hace en el nombre de Jesús, entonces nada sucederá. Pero si usted tiene el nombre de Jesús y no cree, tampoco pasará nada. Necesita la combinación del nombre y la fe.

Pedro y Juan eran ricos porque tenían el nombre de Jesús y la fe en ese nombre. Si usted tiene fe y puede creer en ese nombre echará fuera demonios, hablará nuevas lenguas, orará por los enfermos y sanarán. Porque la fe es la certeza de lo que se espera y la convicción de lo que no se ve.

Cuando tiene fe en su corazón está persuadido. Aunque exteriormente no pueda verlo, está convencido que al mencionar ese nombre los obstáculos se moverán. No existen limitaciones cuando usted tiene fe y el nombre de Jesús en su corazón. No importa si los bolsillos están vacíos, si no tiene oro ni plata.

El mendigo habrá pensado: «Estos me van a dar dinero». Pero Pedro y Juan tenían algo mucho mejor para darle. Ellos le dieron la sanidad del cuerpo, para poder trabajar para sí mismo. Desde ese momento podría obtener el sustento para su vida. Este hombre fue bendecido porque recibió las riquezas de la fe en el nombre de Jesús.

Su medida de fe

En una de sus epístolas Pedro señala: «Y tienen una fe igualmente preciosa que la nuestra» (2 Pedro 1:1). Cada uno de nosotros recibió una medida de fe. Tal vez usted crea que algunas personas recibieron más cantidad de fe, pero no es así. Todos hemos recibido la misma medida. Cuando la Palabra habla de medida de fe hace alusión a la igualdad en el reparto. Esto significa que Dios no le da más a uno que otro. El Señor le dio a usted la misma medida de fe que a los demás. Él les dijo a sus discípulos: «Si tuvieren fe como un grano de mostaza», porque no importa el tamaño, por más pequeña que sea, si la usa puede mover montañas.

La diferencia está en que la fe crece en nosotros. Mientras usted se expone a la Palabra, la cree y la practica, la fe crece. La medida que el Señor le dio cada vez crece más. Antes tenía que ver para creer, pero ya no. Usted cree sin necesidad de ver, está convencido, está persuadido que el nombre de Jesús y la fe que tiene en su corazón son suficientes. No importa si no tiene dinero en el banco, no importa si está enfermo, no importa cuál sea la limitación que el enemigo quiera ponerle. Usted está lleno de riqueza, porque tiene la fe y el nombre de Jesús.

El mundo dice: «Dime cuánto tienes y te diré cuánto vales». Pero el mundo espiritual es distinto. Puede ser que no tenga nada, pero si tiene fe y tiene el nombre de Jesús, usted es rico. Dios lo escogió para que sea rico en fe y heredero de sus promesas. Todo lo que este mundo ofrece es pasajero. Puede tener una cuenta millonaria en el banco, pero si sucede un desastre en la economía del país el dinero pierde su valor. Entonces todos los millones que tiene pasan a ser papeles sin valor. Si esto ocurriera, seguramente cientos de hombres se quitarían la vida al perder sus riquezas materiales. Pero la iglesia no reaccionaría así, porque tiene mejores riquezas.

Hay dos cosas poderosas que el diablo no puede robarnos: La fe y el nombre de Jesús. Aunque no tenga dinero y los bancos estén vacíos, la iglesia siempre tendrá su recompensa, porque es heredera de las promesas de Dios.

El enemigo no puede detenernos porque tenemos riquezas celestiales, y estas riquezas no operan solamente en el mundo material sino también en el cuerpo, en la mente, en el hogar.

Tenemos poder en el nombre de Jesús, y si le decimos al monte que se mueva, se moverá. Aunque los montes no tengan oídos, cuando usted les habla en el nombre de Jesús, estos tienen que obedecer. Pero solo si lo hace con fe.

Combinación explosiva

Tiempo atrás había unas rocas en la bahía de Nueva York que provocaron el hundimiento de muchos barcos. Durante años no las pudieron quitar de allí, hasta que un grupo de ingenieros encontró la solución a este problema. Hicieron un barreno hueco en las rocas por medio de buzos. Luego las rellenaron con cartuchos de dinamita. Pero no se sabía qué sucedería con todo aquello que rodeaba el puerto a la hora de la explosión. Porque podía producir una ola expansiva que derribara todo lo que había alrededor. Pero uno de los ingenieros propuso la utilización de un trasmisor, entonces este detonador sería manipulado desde un edificio. Así fue que este ingeniero sentó a su nieta en su falda y con el detonador al frente le dijo a la niña: «Cuando yo te diga, aprieta este botón rojo». Cuando le dio la orden, la niña lo apretó y explotó la piedra. Aquello salió perfecto.

Del mismo modo, nosotros tenemos el explosivo que es el nombre de Jesús. Pero necesitamos un detonador, que es la chispa que provoca la explosión: la fe. No puede haber una explosión sin la combinación de fe y el nombre de Jesús. Si cree en el nombre de Jesús, cada vez que lo mencione habrá una explosión.

Hay personas que no tienen fe pero mencionan este nombre solamente por temor. Algunos lo mencionan simplemente porque lo han tomado como muletilla. Otros lo dicen porque hablan vanamente el nombre de Jesús, utilizándolo equivocadamente. Pero el nombre de Jesús debe tomarse con respeto, sabiendo que tiene un poder explosivo.

Si el enemigo pone alguna roca para limitar su vida, usted tiene el poder del nombre de Jesús. Usted podrá usar el cartucho de dinamita que es el nombre de Jesús, y con la fe lo hará detonar. Habrá una explosión que eliminará todas las limitaciones, y lo hará libre al instante.

Antiguamente se prohibía a toda persona el acceso al rey sin audiencia previa; de hacerlo sin permiso le cortaban la cabeza. El nombre de Jesús es poderoso porque nos da una inmediata audiencia en la presencia de Dios. Cuando usted dice: «Señor, en el nombre de Jesús vengo delante de ti», se traslada de inmediato a la presencia de Dios, frente al trono de la gracia. Una persona me contó la visión que tuvo mientras oraba: «Señor en el nombre de Jesús vengo delante de ti», en ese momento tuvo la visión de un gran trono y al Cordero sentado como rey. Y comentó: «Ver sentado en el trono al Cordero me animó». Aunque primero sintió temor, cuando vio que el rey sentado en el trono no era arrogante sino que se inclinaba hacia quien lo venía a buscar, descubrió que era rico, ya que tenía el privilegio de llegar a la misma presencia de Dios, el que creó los cielos y la tierra, y lo hallaría con su oído abierto para escuchar.

Arma poderosa

Si tiene fe que el nombre de Jesús es poderoso, ¿por qué se deja limitar por el enemigo? Usted tiene la abundancia del poder, de la autoridad, de las riquezas de Dios y de sus promesas. Es poseedor de una combinación explosiva que puede derribar todos los límites y quitar cualquier obstáculo. No importa si el límite o el obstáculo se llaman cáncer o SIDA, este poder, este nombre, esta fe, puede hacerlo explotar en pedacitos. No importa si el límite es económico o un vicio que lo está atando. El Señor le dice: «Yo te he dado mi nombre, tú tienes fe en tu corazón. Usa ese nombre y la fe, y serás libre al instante».

No espere más, tome la autoridad que Dios le dio. Si está cansado que el enemigo juegue con su familia, póngase de pie y use las armas explosivas que tiene.

Un multimillonario dijo: «Yo no tengo límite para obtener lo que quiera porque tengo recursos materiales». Nosotros tampoco tenemos límites porque tenemos recursos sobrenaturales.

El nombre de Jesús es un recurso sobrenatural que explota con el detonador de la fe. No hay límites, somos ricos. Mientras usted está leyendo estas páginas el Espíritu Santo le hablará y le dirá que aquello que lo limitaba y le impedía levantarse será derribado en el nombre de Jesús, y su vida cambiará. Porque la fe en su nombre hace que todos los obstáculos sean derribados.

Capítulo 9

Cerrar para poder abrir

«Así dice Jehová a su ungido, a Ciro, al cual tomé yo por su mano derecha, para sujetar naciones delante de él y desatar lomos de reyes; para abrir delante de él puertas, y las puertas no se cerrarán. Yo iré delante de ti, y enderezaré los lugares torcidos; quebrantaré puertas de bronce, y cerrojos de hierro haré pedazos; y te daré los tesoros escondidos, y los secretos muy guardados, para que sepas que yo soy Jehová, el Dios de Israel, que te pongo nombre»
(Isaías 45:1-3).

Una puerta es una placa de madera o metal, que asegurada con llave impide la entrada o la salida del que quiera atravesarla. El propósito de una puerta cerrada es asegurar y proteger lo que está detrás de ella de cualquiera que quiera entrar.

Las puertas son importantes en el mundo espiritual. En la vida diaria hay puertas que constantemente se cierran delante de nosotros. Puertas que tal vez han estado cerradas frente a nosotros durante muchos años, como la puerta de la prosperidad económica y de la salud física. Tal vez hay otras puertas que han estado cerradas detrás de las cuales está la felicidad.

Hay puertas que el enemigo se ha encargado de cerrar por años, pero Dios romperá los cerrojos y cerraduras que impiden la apertura de esas puertas. Como cristianos, Hijos de Dios, no podemos estar limitados por puertas que no nos permiten avanzar. Ese no es el plan de Dios para nuestra vida, ya él que ha plasmado delante de nosotros un destino, un camino.

Una vez que ingrese por las puertas de la bendición, la prosperidad y la sanidad sobre su vida, jamás será la misma persona. El Señor tiene la llave para abrir las puertas que están cerradas para que usted alcance la bendición y la promoción. La promoción es una elevación o una mejora de las condiciones de la vida. Dios quiere bendecirlo y promocionarlo a una vida mejor para elevarlo a otros niveles que nunca imaginó.

¿Cómo abrirá Dios las puertas cerradas?

Cuando una puerta está cerrada por años, los marcos se cubren de moho y óxido, entonces es necesario ponerle aceite para abrirla. Dios hará algo especial para abrir esas puertas que por años han estado cerradas.

> *«Yo iré delante de ti, y enderezaré los lugares torcidos; quebrantaré puertas de bronce, y cerrojos de hierro haré pedazos»* (Isaías 45:2).

El Señor no necesita nuestra ayuda, habilidad ni conocimientos, él es suficiente para abrir esas puertas que han estado cerradas. Hasta ahora usted ha estado forzando el cerrojo de la puerta con sus fuerzas y el Señor estaba ubicado a sus espaldas, pero la puerta se abrirá si usted permite que sea él quien abra las puertas. Cada vez que él camina, la autoridad, el poder y el señorío de este Rey de reyes se despliega donde quiera que va. Las cosas inanimadas, los montes que no tienen oído ni boca, tienen que moverse y temblar ante la presencia de este Rey tan poderoso.

Cuando la presencia del Señor se planta en un lugar todo tiembla. Cuando el Deseado de las naciones pone sus pies en tierra, tiembla la naturaleza y todo se sujeta a él, porque su presencia tiene autoridad, poder y señorío.

Usted no necesita conocimiento, llaves nuevas ni aceite para abrir la puerta cerrada, necesita la presencia del Señor.

> *«Alzad, oh puertas, vuestras cabezas, y alzaos vosotras, puertas eternas, y entrará el Rey de gloria. ¿Quién es este Rey de gloria? Jehová el fuerte y valiente, Jehová el poderoso en batalla. Alzad, oh puertas, vuestras cabezas, y alzaos vosotras, puertas eternas, y entrará el Rey de gloria. ¿Quién es este Rey de gloria? Jehová de los ejércitos, El es el Rey de la gloria»* (SALMO 24:7-10).

En este texto las puertas se hablan unas a otras cuando el Rey hace su aparición, y dicen: «¿Quién es este Rey de gloria? Es Jehová, el fuerte y valiente». Las puertas que están cerradas, cuando ven al Rey tienen que abrirse. No hay obstáculo que pueda detener a este Rey. No hay impedimento que pueda debilitarlo. No hay límite para él, cuando el Rey se mueve su autoridad abre las puertas, los demonios tiemblan y se arrodillan ante él.

Es importante que este Rey vaya delante de usted. No importa si el pastor, los diáconos y el líder van por delante, lo importante es que la presencia del Señor de señores vaya delante.

La llave maestra de David

«Escribe al ángel de la iglesia en Filadelfia: Esto dice el Santo, el Verdadero, el que tiene la llave de David, el que abre y ninguno cierra, y cierra y ninguno abre» (Apocalipsis 3:7).

En el libro de Nehemías se menciona que el muro de Jerusalén, la ciudad de David, tenía varias puertas de ingreso a la ciudad, pero el único que poseía la llave maestra para abrir todas las puertas era el rey David. El versículo dice que el Santo, el verdadero, es el que tiene la llave de David, la llave maestra para abrir todas las puertas que están cerradas. Él es quien abre y ninguno cierra.

Pensamos en Jesús como el que abre puertas, pero él también desea cerrar algunas, porque si no cierra algunas puertas no puede abrir otras. Él es quien tiene poder y autoridad. Él tiene la llave maestra de David. La puerta que él cierra nadie la abre.

Jesús le preguntó a sus discípulos qué decían los hombres acerca de quién era el Hijo del Hombre, y unos dijeron Juan el Bautista, otros Elías, otros Jeremías y algunos los profetas. Luego les preguntó a ellos: «¿Y vosotros quién decís que Yo soy?». Y Pedro le dijo: «Tú eres el Cristo, el hijo del Dios viviente».

«Entonces le respondió Jesús: Bienaventurado eres, Simón, hijo de Jonás, porque no te lo reveló carne ni sangre, sino mi Padre que está en los cielos. Y yo también te digo, que tú eres Pedro, y sobre esta roca edificaré mi iglesia; y las puertas del Hades no prevalecerán contra ella» (Mateo 16:17-18).

Muchos pensaron que Pedro era la roca sobre la cual Jesús edificaría su iglesia, pero no se refería a una persona sino a la clase de personas que, como Pedro, tendrían la revelación acerca de quién es el hijo del Dios viviente. Sobre esa revelación, sobre esa roca se construiría el fundamentó de la iglesia, porque Su iglesia no ha sido fundamentada sobre hombres sino sobre el poder de su Palabra la cual revela que Jesús es el Hijo del Dios viviente. Y continúa diciendo que las puertas del Hades no prevalecerán contra la roca.

Tambíen les dijo:

> *«Y a tí te daré las llaves del reino de los cielos; y todo lo que atares en la tierra será atado en los cielos; y todo lo que desatares en la tierra será desatado en los cielos»* (v.19).

A la iglesia le serán dadas las llaves del reino de los cielos, y todo lo que atemos en la tierra será atado en los cielos. Atar también significa cerrar, por lo tanto, todo lo que cerremos en la tierra será cerrado en los cielos y todo lo que desatemos en la tierra será desatado en los cielos.

Tenemos la llave para abrir y cerrar porque Jesús, que se dio a sí mismo por nosotros en la cruz del Calvario, nos entregó las llaves. Eso significa autoridad, poder y señorío. Usted tiene la llave de David, no es cualquier llave, es la llave maestra.

Alguien puede tener alguna llave para abrir una puerta importante, pero la iglesia tiene la llave maestra que abre todas las puertas. Dios se la entregó para abrir, pero también para cerrar.

Muchas veces reprendemos a Satanás diciendo: «Me cerraste la puerta», pero no entendemos que hay puertas que están cerradas porque el Señor está esperando que usted primero cierre una puerta que aún está abierta en su corazón, recién entonces abrirá la siguiente puerta.

Cierre la puerta de los deseos pecaminosos

Si en nuestro corazón hay una puerta abierta al pecado, la promoción no vendrá a nuestra vida. No podemos continuar reprendiendo al diablo cuando la debilidad proviene de nuestra carne. Esa es una puerta abierta que hay que cerrar. Usted tiene la autoridad, la llave de David, para cerrarla, y todo lo que usted cierre en la tierra será cerrado en el cielo, y no hay diablo ni infierno que pueda pasar. Cuando las puertas se cierran es para impedir que alguien de afuera entre. El Señor le está diciendo que a menos que esa puerta no se cierre, no puede llevarnos a la siguiente.

Debe huir de los malos hábitos, la vida secreta y los deseos pecaminosos del corazón. Dios no podrá llevarlo a otro nivel mientras estas puertas estén abiertas. No puede estar con un pie afuera y otro adentro. No puede ser tibio, debe ser frío o caliente.

Cierre la puerta de la amargura y el resentimiento

A menos que cierre la puerta de la amargura y el resentimiento no podrá acceder a otras puertas. La Palabra dice:

> *«Mirad bien, no sea que alguno deje de alcanzar la gracia de Dios; que brotando alguna raíz de amargura, os estorbe, y por ella muchos sean contaminados»* (Hebreos 12:15).

Cierre la puerta de la amargura y el resentimiento. Pablo dijo que tenemos que perdonar, porque si no lo hacemos no alcanzaremos la gracia y la misericordia de Dios. Tenemos que perdonar y poner el amor en acción. No importa si lo ofendieron o lo hirieron, en cierta forma lo ayudaron.

Usted pensará que estoy equivocado, que alguien que lo lastimó no lo está ayudando, pero permítame referirme a la historia de José. Sus hermanos no lo querían e intentaron hacerlo desaparecer, pero lo que en realidad no sabían era que lo estaban ayudando. Lo enviaron más rápido al lugar donde Dios quería ponerlo.

> *«Vosotros pensasteis mal contra mí, mas Dios lo encaminó a bien, para hacer lo que vemos hoy, para mantener en vida a mucho pueblo»* (Génesis 50:20).

Tal vez sus enemigos idearon pensamientos de destrucción contra usted, pero lo mismo hicieron los hermanos con José. Sin embargo, Dios hizo que el mal se transforme para bien. Esa fue la carretera que Dios usó.

> *«Olvidando ciertamente lo que queda atrás, y extendiéndome a lo que está delante»* (Filipenses 3:13).

Pablo cerró la puerta que queda atrás. El pasado no puede controlar el presente, lo único que controla mi presente es el poder de Cristo que va delante de mí. Él guía mis pasos. Olvide si lo ofendieron, si lo injuriaron, si le robaron. Tiempos nuevos están llegando a su vida. Pablo también dijo:

> *«Y al que vosotros perdonáis, yo también; porque también yo lo que he perdonado, si algo he perdonado, por vosotros lo he hecho en presencia de Cristo, para que Satanás no gane ventaja alguna sobre nosotros; pues no ignoramos sus maquinaciones»* (2 Corintios 2:10).

La manera que el enemigo utiliza para detenerlo poniendo amargura y resentimiento en su corazón, es a través de maquinaciones. Si quiere robar su fe y la gracia de Dios sobre su vida, lo único que tiene que poner es fricción entre los hermanos, compañeros de trabajo, familiares, y traer personas que traten de hacer mal contra su vida.

Dios quiere abrir puertas delante de usted, pero a menos que las puertas de amargura y resentimiento no se cierren, no podrá avanzar.

Cierre la puerta de la ansiedad

La puerta de la ansiedad es otra de las que Dios quiere cerrar. «*Por nada estéis afanosos, sino sean conocidas vuestras peticiones delante de Dios en toda oración y ruego, con acción de gracias*» (Filipenses 4:6). No podemos vivir ansiosos, llenos de dudas y preocupación. No hay manera que pueda recibir algo de Dios a menos que la puerta de la duda se cierre primero.

Si hay duda en su mente o en su corazón no puede recibir lo que Dios tiene para usted. Si hay preocupación en su vida no puede recibir lo que Dios quiere darle, porque él no funciona de esa manera. No podemos enviar el temor y la preocupación hacia el futuro, tenemos que enviar la fe hacia el futuro para que abra camino delante de nosotros. No podemos quedarnos estancados, tenemos que creer que el que nos ha llamado tiene poder para hacernos victoriosos. Tenemos que creer las promesas de Dios, porque en él son sí y amén. Crea y quite la duda de su corazón en el nombre de Jesús.

Cierre la puerta de duda y dígale al Señor: «No creo lo que los hombres dicen. No creo lo que los sistemas económicos dicen. Creo lo que tú dices, porque así estaré en victoria».

Cierre la puerta del deseo personal egoísta

«¿Es para vosotros tiempo, para vosotros, de habitar en vuestras casas artesonadas, y esta casa está desierta? Pues así ha dicho Jehová de los ejércitos: Meditad bien sobre vuestros caminos. Sembráis mucho, y recogéis poco; coméis, y no os saciáis; bebéis, y no quedáis satisfechos; os vestís, y no os calentáis; y el que trabaja a jornal recibe su jornal en saco roto. Así ha dicho Jehová de los ejércitos: Meditad sobre vuestros caminos. Subid al monte, y traed madera, y reedificad la casa; y pondré en ella mi voluntad, y seré glorificado, ha dicho Jehová. Buscáis mucho, y halláis poco; y encerráis en casa, y yo lo disiparé en un soplo. ¿Por qué? dice Jehová de los ejércitos. Por cuanto mi casa está desierta, y cada uno de vosotros corre a su propia casa» (Hageo 1:4-9).

El Señor le dice a su pueblo que medite bien en sus caminos porque algo estaba haciendo mal. Sembraban mucho y recogían poco, comían y no se saciaban.

A menos que desarrollemos el pensamiento del reino no podremos recibir las riquezas del reino. Hay personas que están esperando que Dios les dé más para tener una casa más grande, un yate inmenso, un automóvil más nuevo y tener fama, pero Dios les dará abundancia pero con el propósito agregado de que ustedes impulsen el reino.

La Palabra es clara cuando dice: «*Mas buscad primeramente el reino de Dios y su justicia, y todas estas cosas os serán añadidas*» (Mateo 6:33). No tengo que buscar la suerte, porque el bien y la misericordia me seguirán todos los días de mi vida.

Es necesario que entendamos que solamente somos mayordomos de lo que recibimos, lo que tenemos es prestado. Su vehículo, su casa, su dinero y todo lo que tiene es prestado, aún la ropa que lleva puesta. Todo le pertenece a Dios.

Si ha puesto la mirada en usted mismo, en su deseo personal y se olvidó que todo lo que tiene en la mano, sea mucho o poco, es para empujar el reino, se ha equivocado de motivación.

¿Qué le diremos al Señor sobre el talento que nos entregó para administrar? Muchos esconden el talento en ellos mismos. Pero no podemos enterrarlo en nosotros mismos, sino que tenemos que ponerlo a producir. Hay que sembrar en la casa de Dios. Siembre su dinero, su tiempo, sus dones, sus talentos en la casa del Señor, en la obra de Dios, eso empuja el reino.

Hay personas que quieren tener un encuentro con la mano de Dios, ya que esta representa la bendición, la prosperidad y la abundancia. Sin embargo, yo prefiero tener un encuentro con el rostro de Dios, porque cuando encuentre su rostro encontraré también su mano, y con ella la bendición.

El reino no tiene que ver conmigo ni con usted, tiene que ver con Dios. La misión nos fue entregada y debemos responder a ella, para eso hay que dar cuentas de lo que hagamos con nuestros talentos, con nuestras riquezas. No sea que me olvide de la misión que Dios ha puesto delante de mí, porque es lo más importante.

El olvido de muchos es la causa por la cual trabajan y no cosechan, comen y no se sacian. Algunos reciben su salario pero no les alcanza para pagar todas las cuentas, y además se rompe el automóvil y la nevera. Pero el Señor le está diciendo dónde tiene que poner su esfuerzo y sus talentos. Debe cerrar las puertas del deseo personal egoísta para buscar el propósito de la puerta de la bendición.

Hemos sido llamados en este tiempo, en esta generación, para que hagamos algo con lo que tenemos por el reino, con nuestra voz, con nuestro esfuerzo, con nuestro dinero. Quizás lo que usted siembre hoy salvará a alguien mañana, y tal vez esa sea su misión.

Cierre la puerta de la ira, del enojo y de las malas actitudes

La vida es una bendición, pero la puerta de la felicidad no se abrirá hasta que usted no cierre la puerta del enojo, la ira y las malas actitudes. La vida está formada por relaciones familiares, amistosas y laborales. Es importante saber que muchas veces alcanzar la felicidad en los diferentes vínculos emocionales depende de otras puertas que debemos cerrar primero.

La felicidad en su matrimonio es una puerta que solamente se abrirá cuando el esposo aprenda a tratar a su esposa como a vaso frágil. El Señor llamó a las mujeres a ser soporte y ayuda de su esposo, no son su mamá, por lo tanto, las mujeres también deben aprender a tratar a los esposos. Pero permítame asegurarle que las cosas no cambiarán en su casa si usted se enoja y comienza a tirar platos. Las esposas creen que por ser líderes, pastores y siervos de Dios, sus esposos no tienen problemas, pero se equivocan.

Cuando el esposo comience a tratar a la esposa como Dios desea, y la esposa le dé al esposo el lugar de líder de la casa, entonces Dios trabajará en su corazón y abrirá la puerta de la felicidad, porque usted ha cerrado la puerta de la ira, del enojo y de las malas actitudes.

Al mismo tiempo, como cristianos debemos saber que hay personas que tienen grandes talentos y dones, que podrían ser tremendos líderes, pero las malas actitudes no se lo permiten. Si ha perdido el trabajo a causa de las malas actitudes no culpe al diablo ni a su vecino. Cuando Dios cierre la puerta de sus malas actitudes usted podrá entrar por una puerta donde nunca ha ingresado.

Cierre la puerta de su boca

Cuando Dios cierre las puertas de su boca abrirá aquellas que aún están cerradas. Cada vez que Dios ha querido hacerlo, usted con sus palabras daña la oportunidad.

El ejército de Dios se levantará en este tiempo con hombres y mujeres que han sido educados en el manejo de las palabras. Su boca está sujeta a las palabras, ella tiene el control y la determinación para guiar lo que va a decir. No hable por hablar, el poder de la vida y la muerte están en su boca. Todo lo que usted dice produce vida o muerte. Controle sus palabras, no puede descontrolarse acerca de lo que va a decir.

Dios dice que somos reyes, sacerdotes, linaje escogido, entonces tenemos que saber que nuestras palabras tienen poder para crear donde no hay nada. No podemos hablar cualquier cosa y traer desgracia a nuestra vida, porque estamos cerrando puertas que Dios quiere abrir. Sin embargo, le abrimos puertas al enemigo. Cuando hablo una palabra que no viene de Dios, esa palabra abre una puerta que el reino de las tinieblas usará para operar en mi vida. Hay que cerrar la boca y velar por las palabras que se van a declarar. Cada vez que vaya a decir algo que no agrada a Dios, que produce muerte, no lo diga, cierre su boca. Lo único que debe salir de su boca son alabanzas, gritos de júbilo y palabras positivas.

Todos conocemos a personas en la iglesia que están estancadas y tienen muchos problemas a causa de lo que hablan. Dios quiere cerrar esa puerta. Debemos cuidarnos de lo que declaramos, porque las palabras que hoy lanzamos son como un bumerán que pronto volverán. Son como semillas que sembramos y que algún día darán fruto. Aunque el enemigo le diga que las cosas están mal, que la situación es difícil, usted no se queje sino glorifique el nombre del Señor.

Abra la puerta hacia el nivel superior

He visitado casas que, por seguridad, antes de abrir la segunda puerta debe estar cerrada la primera, y así sucesivamente. El que diseñó ese sistema de seguridad lo hizo para que las puertas estuvieran siempre cerradas y no correr riesgos de que intrusos desconocidos ingresen.

El Señor quiere cerrar algunas puertas para abrir otras. El único que impide que puertas grandes y poderosas sean abiertas es usted mismo. Las puertas cerradas se abrirán después que usted cierre las puertas que destruyen su vida. Cuando esto suceda, el Señor le entregará los tesoros más guardados, los secretos más escondidos, pero antes de salir a esa travesía debe cerrar las puertas de sus labios a las palabras que no edifican, a las malas actitudes del corazón, a los deseos personales egoístas, al enojo y al resentimiento. Entonces Dios abrirá las puertas de bendición, prosperidad y abundancia sobre su vida.

Tal vez los hombres han querido cerrar las puertas y el reino de las tinieblas se ha encargado de ello, pero déjelos que sigan cerrando, porque el que va delante de usted romperá los cerrojos y las abrirá para llevarlo al siguiente nivel.

Capítulo 10

Profetizar sobre las circunstancias

En un culto de oración el predicador W.K.Gilliam dio el siguiente testimonio: «Volábamos en un aeroplano desde la ciudad de Denver, Colorado, a Chicago, Illinois. Por radio se le dijo al piloto que al llegar a esta ciudad no podría aterrizar porque había muchas nubes y las condiciones atmosféricas en general no eran favorables. Cuando nos aproximábamos no veíamos nada sobre Chicago, únicamente nubes blancas. Permanecimos media hora volando en círculos sobre la ciudad. Repentinamente el aeroplano descendió en línea recta y aterrizamos con precisión en la pista que nos correspondía. La constante comunicación entre el operador de radio del aeropuerto y el piloto, por ese medio que no veíamos ni entendíamos, hizo que pudiéramos descender en el momento y en el lugar más conveniente».

Esto puede ilustrar cómo Dios se comunica con el hombre por medio del Espíritu Santo, y también puede ilustrar que podemos tener éxito en nuestra vida espiritual si obedecemos a Dios y al Espíritu Santo.

La fe está fundada en la confianza. El piloto de ese avión tuvo fe en aquél que lo guiaba hacia un correcto aterrizaje. Hay muchas personas que no conocen lo que es la fe, y otras la conocen en teoría. Pero no podemos quedarnos en la teoría sino debemos ponerla en práctica, porque la fe sin obras es muerta. Una de las cosas que Jesús predicó, enseñó y enfatizó mientras estaba en la tierra, fue acerca de la fe.

Fe es creer + confiar + acción.

Cuando le digo a Dios: «Confío en ti y te lo voy a demostrar», eso es fe. Porque si digo: «Confío en ti», pero mis acciones son contrarias a lo que digo, entonces no es fe.

Para desatar la fe sobre las situaciones de nuestra vida es necesario hacerlo a través del fruto del Espíritu. Todos tenemos una medida de fe en el corazón, y se supone que con esa simple medida de fe que puede ser del tamaño de un grano de mostaza, se pueden mover montes y levantar muertos. El tamaño de la fe no es lo importante sino en quién está depositada. Si mi fe está depositada en el Señor Jesucristo, le diré al monte que se mueva y se moverá, porque es el poder de Jesús operando a través de mi confianza en él.

Hay personas que no pueden salir de sus crisis y problemas y se preguntan por qué no pueden salir de ellos, siempre están resbalando en el mismo lugar sin poder moverse de ahí. Pero la fe debe llevarnos a una nueva dimensión, la dimensión de hablar a lo que no vemos para poder alcanzar lo que sí veremos.

HABLAR PROFÉTICAMENTE

«La mano de Jehová vino sobre mí, y me llevó en el Espíritu de Jehová, y me puso en medio de un valle que estaba lleno de huesos. Y me hizo pasar cerca de ellos por todo en derredor; y he aquí que eran muchísimos sobre la faz del campo, y por cierto secos en gran manera. Y me dijo: Hijo de hombre, ¿vivirán estos huesos? Y dije: Señor Jehová, tú lo sabes. Me dijo entonces: Profetiza sobre estos huesos, y diles: Huesos secos, oíd palabra de Jehová. Así ha dicho Jehová el Señor a estos huesos: He aquí, yo hago entrar espíritu en vosotros, y viviréis. Y pondré tendones sobre vosotros, y haré subir sobre vosotros carne, y os cubriré de piel, y pondré en vosotros espíritu, y viviréis; y sabréis que yo soy Jehová. Profeticé, pues, como me fue mandado; y hubo un ruido mientras yo profetizaba, y he aquí un temblor; y los huesos se juntaron cada hueso con su hueso. Y miré, y he aquí tendones sobre ellos, y la carne subió, y la piel cubrió por encima de ellos; pero no había en ellos espíritu. Y me dijo: Profetiza al espíritu, profetiza, hijo de hombre, y dí al espíritu: Así ha dicho Jehová el Señor: Espíritu, ven de los cuatro vientos, y sopla sobre estos muertos, y vivirán. Y profeticé como me había mandado, y entró espíritu en ellos, y vivieron, y estuvieron sobre sus pies; un ejército grande en extremo» (EZEQUIEL 37:1-10)

Aunque este relato expresa específicamente la restauración del pueblo de Israel, al mismo tiempo dentro de él hay principios del Reino que no cambian, son eternos.

La imagen que el profeta recibía de lo que estaba viendo era mala. El profeta veía algo a través de sus ojos humanos que no tenía remedio, eran huesos sin vida, totalmente separados unos de otros.

El Señor tomó al profeta, y al mostrarle ese cuadro deprimente le preguntó: «¿Vivirán estos huesos?». Dios tenía respuesta para esta pregunta, sin embargo, hay momentos que él nos interroga para ubicarnos en nuestra fe.

El profeta le dijo al Señor: «Solamente tú lo sabes». Toda circunstancia en nuestra vida, aunque parezca difícil o imposible de cambiar, puede ser transformada por la fe. Dios es lo único que puede cambiar cualquier circunstancia. Nuestro Dios tiene poder para cambiar lo que parece imposible ante los ojos de los hombres.

Cuando nos enfrentamos a conflictos, en lugar de repetir lo que otros dicen negativamente nuestras palabras deben ser: «Señor, tú eres el que tiene el poder». En vez de concentrarnos en la imposibilidad debemos concentrarnos en su gran poder.

Dios guió al profeta a mirar la circunstancia, y cuando ya estaba concentrado en ella le hizo una pregunta para que desviara la mirada hacia él, y es entonces cuando el profeta le responde: «Solamente tú tienes el poder de cambiar todas las cosas».

Esta experiencia vivida por el profeta nos brinda un principio poderoso. Dios le dio instrucciones de cómo cambiar ese cuadro deprimente e imposible en algo totalmente nuevo. Ezequiel no debía ungir con aceite cada hueso, ni poner sus pies sobre ellos, ni tampoco armar una cadena de oración. El Señor le dijo lo que debía hacer: «Profetizarle a los huesos».

Profetizar no es tan solo hablarle al futuro sino hablar la Palabra de Dios. Algunos preguntan: «¿Si le hablaré el futuro entonces por qué debo hablar la Palabra de Dios?». La Palabra de Dios es eterna, Jesucristo es el mismo ayer, hoy y por todos los siglos, él no cambia. Cuando profetizo la Palabra de Dios estoy hablando en el futuro.

Cuando el profeta comienza a comprender que Dios va a usarlo para cambiar las circunstancias y que su boca sería la herramienta que usaría, entonces descubre que hay un propósito eterno escondido detrás de todo eso. Dios lo llamó para ponerlo específicamente en esa circunstancia y usar su boca. Nosotros somos la boca de Dios y las manos de Dios. Cuando Dios quiere hablar en la tierra lo hace a través de nosotros.

El profeta debía profetizarle a los huesos lo que Dios quería decir. Él tiene una manera particular de hablar, distinta a la nuestra. Nosotros llamamos las cosas que son como son, llamamos a los problemas como problemas, pero Dios llama las cosas que no son como si fueran.

Profetice su Palabra

Dios le enseña al profeta lo que tiene que profetizar. Si Ezequiel hubiera profetizado lo que él quería, probablemente hubiera dicho: «Estos huesos están secos de verdad, están muertos, lo único que necesitan es una tumba. Buscaré una pala y los voy a enterrar para que este valle no se vea tan feo». Al decir esto la situación hubiera quedado igual, pero Dios cambia la circunstancia a través de su Palabra.

Si usted todavía está frente a la crisis de su vida es porque no ha profetizado lo que Dios dice sobre la situación. En lugar de hablar del problema debemos hablar de la solución del problema, esa es la forma de hablar de nuestro Dios. Cuando Dios quiere cambiar algo, habla su Palabra.

Dios quería enseñarle al profeta que el poder estaba en la Palabra, que él no necesita danzar, brincar ni hacer una ceremonia alrededor de los huesos, sino solamente repetir lo que Dios estaba diciendo y la circunstancia cambiaría.

Cuando Ezequiel profetiza a los huesos dice: «*He aquí, yo hago entrar espíritu en vosotros, y viviréis. Y pondré tendones sobre vosotros, y haré subir sobre vosotros carne, y os cubriré de piel, y pondré en vosotros espíritu, y viviréis; y sabréis que yo soy Jehová. … Así ha dicho Jehová el Señor: Espíritu, ven de los cuatro vientos, y sopla sobre estos muertos, y vivirán*» (Ezequiel 37:5-6, 9).

Esta es una profecía completa, no es simplemente una confesión. No es cualquier clase de hablar, sino el hablar de Dios. Le dijo al profeta: «Dile que pondré tendones y carne en sus huesos, los levantaré de donde están y les pondré espíritu para que vivan».

Cada Palabra de Dios va envuelta en poder. Cuando el profeta repitió la Palabra de Dios le estaba hablando directamente a los tendones, estaba usando el poder creativo de la Palabra de Dios para crear tendones donde no los había.

Cuando el profeta habló la Palabra de Dios a la carne usó el poder creativo de la Palabra de Dios para que se formara donde no había. Cuando el profeta habló la Palabra de Dios la piel tuvo que levantarse y cubrir la carne. El profeta usó el poder creativo de Dios que es su Palabra. Cuando comenzó a profetizar no había espíritu, no había vida, pero la llamó del norte, del sur, del este y del oeste a través de la Palabra poderosa de Dios.

Hay circunstancias que nos han mantenido encerrados en derrota, y la razón por la cual no pudimos salir de ella fue porque debíamos poner un candado en nuestra boca. Hay quienes en vez de hablar lo que Dios habla dicen cualquier cosa, y de esa manera crean su propio ambiente y su propio estilo de vida sin esperar que Dios hable lo que tiene que hablar. Si repitiera lo que Dios habla en lugar de hablar lo que usted quiere, estaría en una mejor posición.

El poder de la Palabra

El primer principio de reino que Dios quiere enseñarnos es que la Palabra tiene poder para cambiar cualquier circunstancia. La Palabra es Espíritu, vida, y trabaja eficazmente. Dios usó la Palabra para crear los cielos y la tierra: «*Por la fe entendemos haber sido constituido el universo por la palabra de Dios, de modo que lo que se ve fue hecho de lo que no se veía*» (Hebreos 11:3).

Lo que se ve salió de lo que no se veía, de lo que no existía. Dios no tiene que verlo para creer. Su Palabra hizo este mundo, estableció el sol y la luna, los días y las semanas, el aire y el oxígeno para respirar. La Palabra formó el agua y todas las cosas que podemos ver y tocar en este mundo.

Si la Palabra creó lo que vemos de lo que no se veía, entonces lo que nosotros vemos no tiene tanto poder como lo que Dios habla, porque lo que Dios habló creó lo que hoy vemos. Una enfermedad no puede ser mayor que la Palabra de Dios. Un problema no puede ser mayor que Dios, y la Palabra puede cambiarlo pues no es como la de los hombres. Pablo decía:

> «*Porque la palabra de Dios es viva y eficaz, y más cortante que toda espada de dos filos; y penetra hasta partir el alma y el espíritu, las coyunturas y los tuétanos, y discierne los pensamientos y las intenciones del corazón*» (Hebreos 4:12).

El texto en griego dice que la Palabra «trabaja eficazmente», trabaja con poder, se esfuerza hasta lo último y logra el resultado. Cuando Dios envía su Palabra, esta no retorna vacía, hará lo que fue enviada a hacer. Esta Palabra que sale de mi boca creará donde no hay nada, hará milagros donde hace falta, removerá los obstáculos que están en el medio, porque la Palabra no vuelve a Dios vacía, infructuosa, sino que logra el objetivo para el que fue enviada.

La Palabra penetra no solamente en una vida sino en cualquier circunstancia. Es como una espada aguda de dos filos que puede ingresar en cualquier problema y separarlo. Esta Palabra no es solamente viva sino que también es eficaz.

> *«¿No es mi palabra como fuego, dice Jehová, y como martillo que quebranta la piedra?»* (Jeremías 23:29)

Cuando enfrenta una circunstancia y tiene dificultades, la Palabra de Dios la consume con fuego. Una piedra parece un elemento difícil de romper, pero la Palabra es como un martillo que presionará sobre ella y la quebrará. Si delante suyo hay un monte de piedras que no puede remover, usted necesita el martillo de la Palabra de Dios.

El secreto de la profecía no es repetir la Palabra de Dios hasta que ocurra algo, con decirla una sola vez de parte de Dios es suficiente. Aun las cosas inanimadas tienen que obedecer ante la Palabra de Dios. Los montes no tienen orejas para escuchar, pero cuando habla la Palabra de Dios tienen que obedecer. Los árboles no tienen oído para escuchar, pero cuando Jesús habló su Palabra frente a la higuera y la maldijo, se secó desde sus raíces.

La Palabra de Dios tiene poder para cambiar cualquier circunstancia, no es su palabra, es la Palabra de Dios, no hay que repetirla tres o cuatro veces, con una sola vez que se hable es suficiente.

Jesús le dijo una sola vez a Lázaro que se levantara y saliera fuera, no se paró frente a la tumba repitiendo: «Por favor, ven fuera, Lázaro ven fuera. Por favor, sal ahora». El Señor dijo: «¡Lázaro, ven fuera!» y eso fue suficiente. Al instante, el que estaba muerto resucitó.

Solemos depositar nuestra confianza en el problema en lugar de depositarlo en la Palabra de Dios. Hay momentos en que confiamos más en la opinión del vecino que en la de Dios. Le creemos más a un analista económico que a la Palabra de Dios. Tenemos más confianza en el diagnóstico médico que en la Palabra de Dios.

En lugar de hablar quejas y lamentos tenemos que decir: «Señor, tú tienes el poder para cambiar esta circunstancia, dame la Palabra correcta para que yo hable y así poder cambiarla». Si hay algo que no le gusta usted puede cambiarlo. Si hay algo que le está impidiendo avanzar, usted puede cambiarlo.

Aquellos matrimonios que están gastando sus fuerzas en pelear, deben empezar a hablar lo que Dios está hablando. En vez de discutir, cambie sus palabras y hable lo que Dios está hablando. Usted no puede cambiar a su esposo o esposa, usted no puede cambiar a sus hijos, pero Dios sí puede. Él tiene el poder y la Palabra para cambiar su circunstancia.

El poder de mi hablar

Hay personas que están tan concentradas en sus circunstancias que no pueden salir de ellas porque nunca buscan la opinión de Dios. Usted tiene que llenarse de la Palabra para poder hablarla. Si está lleno de otra cosa, no puede pretender que su circunstancia cambie. Tiene que saturarse de la Palabra de Dios y llenar aun hasta las fibras más íntimas de su corazón.

Para poder hablar lo que Dios habla tiene que oír que está saliendo de la fuente. Para hablar lo que él dice tiene que repetir lo que él dijo, y por consiguiente escucharlo. Tal vez tiene que cerrar sus oídos a lo que otros están diciendo y abrirlos a la voz de Dios. Hay problemas que usted mismo creó a través de lo que habla, porque usted los llamó.

> *«Pon guarda a mi boca, oh Jehová; guarda la puerta de mis labios. No dejes que se incline mi corazón a cosa mala, a hacer obras impías con los que hacen iniquidad; y no coma yo de sus deleites»* (Salmo 141:3-4).

El salmista la está pidiendo al Señor que ponga un policía en su boca para que cualquier palabra que traiga destrucción quede arrestada antes de ser pronunciada.

Jesús dijo que de la abundancia del corazón habla la boca, que aquel que es bueno, de la bondad que atesora en el corazón saca el bien, pero el que es malo, de su maldad saca el mal. Pero en el día del juicio todos tendremos que dar cuenta de cada palabra ociosa que hayamos pronunciado. Ellas nos absolverán o nos condenarán (Mateo 12:34-37).

Muchas veces hay personas que traen juicio a su vida, pero no es porque Dios los castigue sino porque ellos mismos lo están profetizando. No entienden el poder que hay en nuestro hablar. Hay dos fuerzas que operan sobre lo que usted declara: el reino de las tinieblas y el reino de Dios.

> *«Cada uno se llena con lo que dice y se sacia con lo que habla. En la lengua hay poder de vida y muerte; quienes la aman comerán de su fruto»* (Proverbios 18:20-21 NVI).

En su boca está el poder de la muerte y la vida. Si habla temor, derrota o decepción, su boca activa el poder del reino de las tinieblas, el poder de la muerte. El poder de la vida se activa cuando hablamos lo que Dios habla, porque la Palabra de Dios produce vida. Cada vez que repito lo que Dios dice produzco vida en medio de cada circunstancia.

Capítulo 11

El mensaje de Rahab hoy

«Por la fe entendemos haber sido constituido
el universo por la palabra de Dios,
de modo que lo que se ve fue hecho de lo que no se veía»
(Hebreos 11:3).

Cuando D. L. Moody visitó Inglaterra, escuchó a Henry Varley decir: «El mundo aún no ha visto lo que Dios podría hacer con un hombre completamente dedicado y consagrado al Espíritu Santo». Mas tarde, Moody comentó: «Él dijo "un hombre", no dijo un "gran hombre" o un "hombre educado" o un "hombre rico". Simplemente dijo "un hombre". Yo soy un hombre y está dentro del mismo hombre decidir si habrá esa consagración completa o no. Yo intentaré hasta el máximo ser ese hombre».

Muchas veces estudiamos las características que determinaron que una persona como Moody alcanzaron los logros y metas que se propuso, personas que anhelaron formar parte de la historia. Algunos piensan que Moody lo logró, pero en este capítulo quisiera estudiar algunas características que nos enseñó una mujer de fe.

Su nombre es mencionado en el capítulo 11 del libro a los Hebreos, entre grandes hombres que hicieron cosas maravillosas. Muchos han denominado este capítulo como «el hall de la fama de fe». Por ejemplo, menciona a Moisés que rehusó llamarse nieto de Faraón porque tuvo fe en la promesa que Dios le había dado. También está Abraham, un hombre que dejó su tierra y su parentela porque oyó la voz de Dios. Un hombre como Abel que ofreció sacrificio de lo mejor que tenía, y de esa forma manifestó una fe poderosa.

Es extraño, pero dentro de esta misma porción bíblica, se ha destinado una frase para mencionar a una mujer que ante los ojos de los hombres no tiene mucho significado: Su nombre era Rahab y era prostituta en Jericó, pero hizo algo especial que causó que su nombre aparezca en el capítulo del hall de la fama de fe.

¿Cómo puede ser que Dios se tomó el trabajo de dictar este nombre de mujer para que lo escribieran en la Biblia? ¿Qué hizo esta mujer para que su nombre estuviera escrito en este texto?

El hall de la fama de fe

Rahab no era israelita sino gentil y pecadora. Su oficio era rechazado por la sociedad, sin embargo, su nombre fue escrito en la Biblia, y después de tantos años todavía hablamos de ella. Lo sobresaliente en la vida de Rahab fue la fe.

«Josué hijo de Nun envió desde Sitim dos espías secretamente, diciéndoles: Andad, reconoced la tierra, y a Jericó. Y ellos fueron, y entraron en casa de una ramera que se llamaba Rahab, y posaron allí. Y fue dado aviso al rey de Jericó, diciendo: He aquí que hombres de los hijos de Israel han venido aquí esta noche para espiar la tierra. Entonces el rey de Jericó envió a decir a Rahab: Saca a los hombres que han venido a ti, y han entrado a tu casa; porque han venido para espiar toda la tierra. Pero la mujer había tomado a los dos hombres y los había escondido; y dijo: Es verdad que unos hombres vinieron a mí, pero no supe de dónde eran. Y cuando se iba a cerrar la puerta, siendo ya oscuro, esos hombres se salieron, y no sé a dónde han ido; seguidlos aprisa, y los alcanzaréis. Mas ella los había hecho subir al terrado, y los había escondido entre los manojos de lino que tenía puestos en el terrado. Y los hombres fueron tras ellos por el camino del Jordán, hasta los vados; y la puerta fue cerrada después que salieron los perseguidores» (JOSUÉ 2:1-7).

Rahab protegió a los siervos de Dios aunque nunca le habían predicado de Dios, solamente había oído algo de él. Asombrosamente, esta mujer desarrolló una confianza absoluta en Dios sin necesidad de evidencias físicas. Ella tenía una fe que no dependía de los sentidos naturales. La fe no se trata tan solo de creer, porque el diablo también cree y tiembla. Si dice que cree y no le agrega acción, entonces usted no tiene fe. Si declara tener fe, se tiene que ver.

Esta mujer tenía una fe absoluta en Jehová y lo demostró a través de sus acciones. Ella escondió a los espías protegiéndolos para que nada les aconteciese. Sabía que aunque los entregara, el pueblo de Israel igualmente tomaría posesión de esa tierra porque Dios se la había entregado.

Aunque no vivía entre el pueblo de Dios y no vio las señales que experimentaron los israelitas ni participó de la bendiciones del pueblo, solamente oyó lo que Dios había hecho, sin embargo le creyó a Dios. La actitud de esta mujer nos enseña que «no importa si no lo hemos visto y si no pudimos abrazarlo, a este Dios hay que creerle».

La fe de esta mujer tiene varias características que debemos aprender porque nos ilustran acerca de cómo ingresar al «hall de la fama de la fe».

Fe en la provisión de Dios

> *«Antes que ellos se durmiesen, ella subió al terrado, y les dijo: Sé que Jehová os ha dado esta tierra; porque el temor de vosotros ha caído sobre nosotros, y todos los moradores del país ya han desmayado por causa de vosotros. Porque hemos oído que Jehová hizo secar las aguas del Mar Rojo delante de vosotros cuando salisteis de Egipto, y lo que habéis hecho a los dos reyes de los amorreos que estaban al otro lado del Jordán, a Sehón y a Og, a los cuales habéis destruido. Oyendo esto, ha desmayado nuestro corazón; ni ha quedado más aliento en hombre alguno por causa de vosotros, porque Jehová vuestro Dios es Dios arriba en los cielos y abajo en la tierra» (vv. 8-11).*

Rahab tenía fe en la provisión de Dios: *«Sé que Jehová os ha dado esta tierra»*. Cuando Dios nos dice: «Esto es tuyo», no hay que buscar nada más, ya fue hecho.

El pueblo de Israel caminó cuarenta años en el desierto y vio grandes milagros de Dios: El Mar Rojo abierto en dos, la provisión del maná del cielo, la seguridad de la columna de fuego de noche y tantas otras maravillas. Aunque Rahab solamente había oído acerca de los milagros y las señales de Dios, inmediatamente supo que Dios le había dado esta tierra a Israel. Dios promete y cumple. Cuando él dice que hará algo, usted no necesita verlo, no necesita sentirlo, solamente debe creerle, darle gracias y saber que ya está hecho. No necesita evidencia, no necesita ver la tierra, si Dios lo prometió es suficiente. Él es quien provee, el que da en abundancia, el Shadai, el Dios Todopoderoso. Aunque muchos judíos no le creían a Dios, Rahab le creía.

Cuando Moisés envió a los doce espías para ver la tierra, diez de ellos regresaron hablando negativamente sobre la tierra y diciendo: «Las tierras están llenas de gigantes y son grandes ciudades amuralladas, no lo lograremos». Ellos no creían en que Dios cumpliría su promesa, pero cuando él promete algo, está hecho.

Esta mujer tenía una actitud correcta porque poseía la característica poderosa de la fe en la provisión de Dios. Cuando se tiene esta confianza no opera la ansiedad ni la depresión. Si él dijo que lo haría, póngale el sello que ya está hecho en el reino de los cielos. Él dijo: «Todo lo que he prometido ya está dado, está entregado y puedes transferirlo al mundo natural a través de la fe».

Fe en la liberación de Dios

Otra de las características de la fe de Rahab era la fe en la liberación de Dios. El versículo 10 que dice: «*Porque hemos oído que Jehová hizo secar las aguas del Mar Rojo delante de vosotros cuando salisteis de Egipto, y lo que habéis hecho a los dos reyes de los amorreos que estaban al otro lado del Jordán, a Sehón y a Og, a los cuales habéis destruido*».

A Rahab le habían contado la historia de que Dios había abierto el Mar Rojo delante del pueblo de Israel. Aunque no era su Dios, ella sabía que ese Dios nunca abandonaría a su pueblo. Ella conocía que ese Dios nunca dejaba a su pueblo a merced del enemigo, que siempre llevaba liberación a su pueblo.

Ella sabía lo que Dios había hecho cuando el pueblo estaba atrapado entre el Mar Rojo y Egipto, y los enemigos a sus espaldas, por eso ella declaró: «Este es el Dios de la liberación, el que libera, el que redime».

La palabra «redimir» significa «liberar». Cada vez que su pueblo está atrapado Dios siempre tiene una salida, nunca los abandona.

El mensaje que Rahab nos enseña es que debemos confiar en el Dios que libera. No importa cuán difícil sea su situación, Dios nunca llega tarde, siempre llega a tiempo. He vivido mucho tiempo por fe y puedo asegurar que este Dios nunca llega tarde ni temprano, él llega justo a tiempo para llevarse la gloria y la honra. Entonces, después de que haya ocurrido lo que esperaba, no diremos: «¡Qué suerte!, ¡Qué cosa maravillosa!, sucedió por mi sabiduría», sino que Dios se llevará la gloria y la honra.

Si alguna vez en la vida se siente acorralado, entre la espada y la pared, y cree que no hay más salida, entonces la fuerza del Dios que liberta aparecerá sobre usted. Habacuc dijo:

> *«Aunque la higuera no florezca, ni en las vides haya frutos, aunque falte el producto del olivo, y los labrados no den mantenimiento, y las ovejas sean quitadas de la majada, y no haya vacas en los corrales; con todo, yo me alegraré en Jehová, y me gozaré en el Dios de mi salvación»* (3:17-18).

Pero la versión Edwin Santiago dice: «Aunque no tenga leche en la nevera, aunque no tenga gasolina en el auto, aunque no tenga dinero en la cuenta bancaria, aunque falte el producto del olivo, y todo me falte, yo me alegraré y me gozaré en el Dios de mi salvación, de mi liberación, de mi redención».

Él es el Dios que libera, el que rompe las cadenas, el que nunca abandona a su pueblo. Él nunca lo dejará, por más difícil que parezca su situación. Aun cuando usted camine sobre las aguas y por quitar la mirada de él empiece a hundirse, su mano lo sostendrá, no lo dejará solo.

Rahab pudo creer en el Dios de la liberación, que abre el Mar Rojo, aun sin haberlo visto. Si Dios lo hizo con el pueblo de Israel, lo hará con usted. Si a ella le bastó solamente con escuchar lo que Jehová había hecho cuando abrió el Mar Rojo, a nosotros nos tiene que sobrar fe al tener la Biblia que nos relata todos los eventos de fe que el Señor hizo con su pueblo.

¿Podrá usted hoy confiar en él? Si lo hizo con Abraham, con Moisés, con David, lo hará en su vida. Dios no hace acepción de personas, usted es parte de su cuerpo, es parte de su iglesia y de su pueblo. Él vino a traer liberación también para este tiempo. Dios está al tanto de todo lo que le ocurre a su pueblo, por eso dice: «Clama a mí y yo te responderé». Él viene a su rescate, a su liberación, tiene que confiar en el Dios de la liberación.

Fe en la victoria de Dios

«Porque hemos oído que Jehová hizo secar las aguas del Mar Rojo delante de vosotros cuando salisteis de Egipto, y lo que habéis hecho a los dos reyes de los amorreos que estaban al otro lado del Jordán, a Sehón y a Og, a los cuales habéis destruido» (Josué 2:10).

Otra característica de la fe de Rahab fue la confianza en la victoria de Dios. Ella declaró: «y lo que habéis hecho». Dios usó nuestras manos, nuestra boca, nuestra vida para lograr grandes victorias, y sin embargo nosotros mismos no podemos creer después. Ella no dijo: «Dios ha hecho» sino «ustedes han hecho». Lo que en realidad deseaba expresar era: «Lo que Dios ha hecho a través de ustedes».

Debemos recordar las victorias que Dios nos ha dado y dejar de enfocarnos en la dificultad. Él nos ha usado para traer victoria a nuestra vida y también a otras personas. Si usted declara ser un hijo de Dios debe saber que él no tiene hijos vencidos, porque nunca perdió una batalla, ganó todas. Enfóquese en lo que Dios ha hecho con su vida.

Cuando David fue a enfrentar a Goliat no miró el momento, sino que recordó tener el entrenamiento para vencerlo, ya que en oportunidades previas había matado osos y leones con sus manos, por el poder de Dios.

En otras palabras, estamos parados sobre la roca de lo que Dios ha hecho anteriormente en nuestra vida. Si él nos ha usado en victorias anteriores, debemos recordar qué batallas hemos ganado en el pasado, contra qué osos hemos peleado, y el mismo poder que nos ha dado la victoria antes estará presente junto a nosotros hoy. Créale al Dios de la victoria. Cuando parezca que aparentemente estoy destruido y no hay más solución, él se luce y me levanta, me pone de pie y usa mi boca y mis manos para traer victoria en medio de mis circunstancias.

Rahab confió en el Dios de la victoria, ella creía en él, aun sabía que el pueblo de Israel invadiría Jericó, una ciudad amurallada y cerrada, y a la que ningún ejército podría ingresar fácilmente. Con este conocimiento natural cualquiera sabría la dificultad que el pueblo tendría para tomar Jericó, pero ella conocía que el Dios de la victoria estaba a cargo de esta batalla. Este es el Dios que pelea por usted, el que le entregará el triunfo en sus manos. Usted no tiene que hacer mucho porque no es con espada ni con ejército, sino con su Santo Espíritu. No se trata de fuerza humana, sino de sabiduría. Es el poder de Dios que opera en usted, el mismo Dios de Abraham, de Jacob y de David está con usted y es mayor que el que viene en contra suya. Ninguna arma forjada contra su vida prosperará. Usted tiene que proclamar esa victoria.

No se desanime ni hable negativamente. No declare duda ni incredulidad. Tenga confianza en el Dios de la victoria, ya que de la misma manera que le ha dado victoria en el pasado, se la dará hoy.

David decía: «*Aunque un ejército acampe contra mí, no temerá mi corazón; aunque contra mí se levante guerra, yo estaré confiado*» (Salmo 27:3).

Nadie que sea parte de la familia del pueblo de Israel o sea hijo de este Dios estará en derrota. Todo lo que es nacido de Dios vence, porque nuestra fe en él es la victoria que ha vencido al mundo.

Disfrute de otras publicaciones de Editorial Vida

Desde 1946, Editorial Vida es fiel amiga del pueblo hispano a través de la mejor literatura evangélica. Editorial Vida publica libros prácticos y de sólidas doctrinas que enriquecen el caudal de conocimiento de sus lectores.

Nuestras Biblias de Estudio poseen características que ayudan al lector a crecer en el conocimiento de las Sagradas Escrituras y a comprenderlas mejor. Vida Nueva es el más completo y actualizado plan de estudio de Escuela Dominical y el mejor recurso educativo en español. Además, nuestra serie de grabaciones de alabanzas y adoración, Vida Music renueva su espíritu y llena su alma de gratitud a Dios.

En las siguientes páginas se describen otras excelentes publicaciones producidas especialmente para usted. Adquiera productos de Editorial Vida en su librería cristiana más cercana.

Una vida con propósito

Rick Warren, reconocido autor de *Una Iglesia con Propósito*, plantea ahora un nuevo reto al creyente que quiere alcanzar una vida victoriosa. La obra enfoca la edificación del individuo como parte integral del proceso formador del cuerpo de Cristo. Cada ser humano tiene algo que le inspira, motiva o impulsa a actuar a través de su existencia. Y eso es lo que usted descubrirá cuando lea las páginas de *Una vida con propósito*.

0-8297-3786-3

Rompiendo los Límites

En pos de una nueva dimensión espiritual

A través de las páginas de este libro, el Rvdo. Edwin Santiago transita con el lector el camino hacia una nueva dimensión espiritual, donde el único límite es nuestra fe. Un lugar donde solo podrán entrar aquellos que acepten el desafío de romper los límites que el mundo intentó estipular sobre sus vidas. Sus palabras de fe y unción lo guiarán a un nivel superior, donde las limitaciones físicas, emocionales y espirituales serán rotas, para de esa manera poder disfrutar de los lugares que Dios ha preparado para todo aquel que se anime a creer.

ISBN: 0-8297-3820-7

E.S. Ministries presenta: ***Rompiendo los límites***
Salmista: Danny Santiago

Cuando Dios Truena

Para los judíos, el trueno era una señal del poder de Dios. El pueblo de Dios esperaba con vehemencia esta manifestación porque traía victoria total y fortaleza. De igual forma, en este tiempo Dios va a «tronar». El trueno de Dios es la voz de Jehová hablando a su iglesia y a sus hijos para cumplir su promesa de gloria y bendición.

ISBN: 0-8297-4862-8

Canciones:
A la gloria de Jehová. Dependo de ti. Cuando Dios truena. Mi protector. Esperaré. Solo el Señor. El nombre de Jesús. Tu nombre alabar. Porque tú eres rey. Eres bueno.

Rompiendo los Límites

Tabernáculo de Amor

Alabanza y adoración en vivo desde «Tabernáculo de Amor», en la Florida, bajo la dirección de Sarah Miranda. Diez sencillos temas que glorifican a Jesucristo y que forman un recurso valioso para enriquecer la alabanza en las congregaciones de habla hispana. El álbum «Rompiendo los Límites» es el primero de una serie de grabaciones que E.S. Ministries lanzará, y encierra la visión del pastor Edwin Santiago, de alcanzar y transformar a las naciones a través de los pastores y líderes de las iglesias. La dirección musical estuvo a cargo de David Avilés, que posee una gran trayectoria en el ambiente musical cristiano, mientras que el productor musical fue Johnny Colón. En este álbum las alabanzas enfatizan a Jesús como el único que nos da las fuerzas y el poder de vencer todo límite y barrera.

0-8297-4512-2

Canciones:
Con todo mi corazón • Exáltate Señor • Mi sustento es • Mostremos • Nada sin Ti, Jesús • Quiero hacer tu voluntad • Rompe los límites • Te adoraré • Tu presencia • Vamos todos a alabar.

Liderazgo Eficaz

Liderazgo eficaz es la herramienta que todo creyente debe estudiar para enriquecer su función dirigente en el cuerpo de Cristo y en cualquier otra área a la que el Señor lo guíe. Nos muestra también la influencia que ejerce cada persona en su entorno y cómo debemos aprovechar nuestros recursos para influir de manera correcta en las vidas que nos rodean.

0-8297-3626-3

Las puertas eternas

Este es un precioso libro pastoral, de estilo literario sugerente, que honra en cada página el Nombre de Aquel que dijo: *Yo Soy la Puerta*. Presenta el poderoso discernimiento para identificar puertas espirituales, recibido por este reconocido pastor y periodista, autor de varios libros de éxito.

ISBN 0-8297-3997-1

Serie para grupos pequeños de Una vida con propósito

Esta serie se diseñó para ayudarlo a usted y a los miembros de su grupo a construir vidas espirituales saludables y balanceadas. Este material de cuarenta semanas en video se basó en el libro bestseller *Una vida con propósito.*

1-4174-9995-8 1-4174-9970-2 1-4174-9990-7
1-4174-9975-3 1-4174-9985-0 1-4174-9980-X

Nos agradaría recibir noticias suyas.
Por favor, envíe sus comentarios sobre este libro a la dirección que aparece a continuación.
Muchas gracias

ZONDERVAN

Editorial Vida
7500 NW 25 Street Suite # 239
Miami, Fl. 33122

Vidapub.sales@zondervan.com
http://www.editorialvida.com